Yvonne Senf

Best Ager als Best Targets?

Betrachtung der Zielgruppe 50plus
für das Marketing

Senf, Yvonne: Best Ager als Best Targets? Betrachtung der Zielgruppe 50plus für das Marketing, Hamburg, Diplomica Verlag GmbH

Umschlaggestaltung: Diplomica Verlag GmbH, Hamburg

ISBN: 978-3-8366-6218-5

© Diplomica Verlag GmbH, Hamburg 2008

Bibliographische Information der Deutschen Bibliothek

Die Deutsche Bibliothek verzeichnet diese Publikation in der Deutschen Nationalbibliografie; detaillierte bibliografische Daten sind im Internet über http://dnb.ddb.de abrufbar.

Dieses Werk ist urheberrechtlich geschützt. Die dadurch begründeten Rechte, insbesondere die der Übersetzung, des Nachdrucks, des Vortrags, der Entnahme von Abbildungen und Tabellen, der Funksendung, der Mikroverfilmung oder der Vervielfältigung auf anderen Wegen und der Speicherung in Datenverarbeitungsanlagen, bleiben, auch bei nur auszugsweiser Verwertung, vorbehalten. Eine Vervielfältigung dieses Werkes oder von Teilen dieses Werkes ist auch im Einzelfall nur in den Grenzen der gesetzlichen Bestimmungen des Urheberrechtsgesetzes der Bundesrepublik Deutschland in der jeweils geltenden Fassung zulässig. Sie ist grundsätzlich vergütungspflichtig. Zuwiderhandlungen unterliegen den Strafbestimmungen des Urheberrechtes. Die Wiedergabe von Gebrauchsnamen, Handelsnamen, Warenbezeichnungen usw. in diesem Werk berechtigt auch ohne besondere Kennzeichnung nicht zu der Annahme, dass solche Namen im Sinne der Warenzeichen- und Markenschutz-Gesetzgebung als frei zu betrachten wären und daher von jedermann benutzt werden dürften. Die Informationen in diesem Werk wurden mit Sorgfalt erarbeitet. Dennoch können Fehler nicht vollständig ausgeschlossen werden und die Diplomica Verlag GmbH, die Autoren oder Übersetzer übernehmen keine juristische Verantwortung oder irgendeine Haftung für evtl. verbliebene fehlerhafte Angaben und deren Folgen.

Inhaltsverzeichnis

Abkürzungsverzeichnis 8
Abbildungsverzeichnis 9

1 Einleitung 11
   1.1 Zielstellung der Studie 12
   1.2 Aufbau der Studie 12

2 Theoretische Einführung 15
   2.1 Begriffsdefinition 15
   2.2 Begriffsabgrenzung 16
   2.3 Altersbild in der Gesellschaft 18
   2.4 Altersbild in den Medien 18
   2.5 Altersbild in der Werbung 19

3 Demographische Entwicklung 21
   3.1 Bevölkerungsentwicklung 21
   3.2 Entwicklung der Altersstruktur 23
   3.3 Konsequenzen für das Marketing 24

4 Marktsegmentierung 25
   4.1 Begriff der Marktsegmentierung 25
   4.2 Kriterien der Marktsegmentierung 26
   4.3 Relevanz einer Segmentierung für Unternehmen 28

5 Möglichkeiten zur Abgrenzung eines Best Ager-Marktes 30
   5.1 Abgrenzung anhand soziodemographischer Kriterien 30
      5.1.1 Abgrenzung anhand wirtschaftlicher Kriterien 31
      5.1.2 Abgrenzung anhand des chronologischen Alters 33
   5.2 Abgrenzung anhand ausgewählter Einflussfaktoren auf den
          Alterungsprozess 36
      5.2.1 Abgrenzung anhand biologischer Kriterien 36
      5.2.2 Abgrenzung anhand psychologischer Kriterien 38
      5.2.2.1 Lernen und Gedächtnis 39
      5.2.2.2 Einstellungen 41
      5.2.2.3 Motive und Bedürfnisse 43

5.2.2.4 Werteorientierung 47
5.2.2.5 Konsequenzen des Alterungsprozesses aus psychologischer Sicht 50
5.2.3 Abgrenzung anhand soziologischer Kriterien 50
5.2.3.1 Der Familienlebenszyklus 51
5.2.3.2 Phasen des Alterungsprozesses 53
5.2.3.3 Theorien zur Erklärung soziologischer Alterungsprozesse 54
5.2.3.4 Konsequenzen des Alterungsprozesses aus soziologischer Sicht 55
5.3 Zusammenfassende Relevanz der Ergebnisse 56

6 Abgrenzung nach lebensstilbezogenen Kriterien 57
6.1 Vorteile von Typologienbildung 58
6.2 Nachteile von Typologienbildung 58
6.3 Segmentierung anhand des Lebensstil nach aktuellen Studien 59
6.3.1 Infratest Sozialforschung 59
6.3.2 TNS Infratest anhand des Semiometrie Modells 60
6.3.3 GREY 62
6.3.4 Kritische Bewertung 63
6.4 Konsequenzen des Alterungsprozesses nach lebensstilbezogenen Kriterien 64

7 Involvement als Erklärungsvariable für das Kaufverhalten von Konsumenten .. 67
7.1 Begriffsklärung 67
7.2 Grad des Involvements 68
7.2 Involvement und die Wirkung auf den Kaufentscheidungsprozess 70
7.3 Besonderheiten des Involvements bei reiferen Menschen 72
7.4 Kritische Bewertung des Involvements als Erklärungsvariable 75

8 Produkte und Dienstleistungen – Beispiele aus der Praxis 77
8.1 Der Nahrungsmittelmarkt 77
8.2 Haushaltsgeräte und Unterhaltungselektronik 80
8.3 Der Gesundheitsmarkt 81
8.4 Der Kosmetikmarkt 82
8.5 Die Unterhaltungs- und Kommunikationstechnologie 86
8.6 Der Freizeitmarkt 87
8.7 Fazit 88

9	Ansätze für einen Best Ager-gerechten Marketing-Mix	89
9.1	Produktpolitik	90
9.2	Preispolitik	93
9.3	Distributionspolitik	95
9.4	Kommunikationspolitik	97
10	Schlussbetrachtung	101
Literaturverzeichnis		104

Abkürzungsverzeichnis

Abb.	Abbildung
AWA	Allensbacher Markt- und Werbeträgeranalyse
bspw.	beispielsweise
bzw.	beziehungsweise
ca.	circa
d.h.	das heißt
etc.	et cetera
evtl.	eventuell
f.	folgende
ff.	fortfolgende
HHNE	Haushaltsnettoeinkommen
o.a.	oben angegeben
o.g.	oben genannte
PoS	Point of Sale
S.	Seite
s.o.	siehe oben
s.u.	siehe unten
u.a.	und andere
usw.	und so weiter
Vgl.	Vergleiche
z.B.	zum Beispiel

Abbildungsverzeichnis

Abb. 1: Darstellung der Bevölkerungsentwicklung in Deutschland 22

Abb. 2: Heutige und zukünftige Zusammensetzung der Bevölkerung Deutschlands 23

Abb. 3: Schrittfolge zur Marketingplanung 25

Abb. 4: Kriterien der Marktsegmentierung 27

Abb. 5: Altersspezifische Verteilung des Nettoeinkommens 2003 32

Abb. 6: Darstellung des gewünschten und gefühlten Alters von Best Agern 35

Abb. 7: Maslows "Bedürfnispyramide" 47

Abb. 8: Werthaltungen der verschiedenen Generationen im Vergleich 49

Abb. 9: Der Familienlebenszyklus 52

Abb. 10: Stellenwert des Involvements in Abhängigkeit anderer Determinanten des Kaufverhaltens 68

Abb. 11: Wirkungen des Involvements 70

Abb. 12: Aufwendungen für private Konsumausgaben 75

Abb. 13: Becel setzt auf Vitalität und Aktivität für eine strategische Zielgruppenansprache 78

Abb. 14: Das Werbegesicht für die Produktserie Nivea Vital 83

Abb. 15: Das Werbegesicht für die Pflegeserie Nivea Visage DNAge 84

Abb. 16: Eines der Werbegesichter der Dove Kampagne "Initiative für wahre Schönheit" 86

Abb. 17: Reifere Werbegesichter des ebay TV-Spots 87

Abb. 18: aktuelle Werbebroschüre für den TUI Club Elan 88

Abb. 19: Mögliche Marketingstrategien im Best Ager-Segment 98

1 Einleitung

Vor dem Hintergrund gesättigter Märkte und der zunehmenden Austauschbarkeit von Produkten wird es für Unternehmen immer bedeutsamer, sich signifikante Wettbewerbsvorteile gegenüber ihren Mitbewerbern zu sichern. Es gilt, neue und zukunftsträchtige Märkte zu erschließen und sich in diesen zu etablieren. Wie kaum ein anderer Bereich rückt dabei das Thema „Altern" in den Brennpunkt des öffentlichen Interesses. Auf Grund der sinkenden Geburtenrate und der steigenden Lebenserwartung zeichnet sich in Deutschland und anderen Industrienationen ein demographischer Wandel ab: die industrielle Gesellschaft altert. Die sich daraus ergebenden möglichen gesellschaftlichen und politischen Konsequenzen werden derzeit umfassend diskutiert und problematisiert. Speziell in den Bereichen Politik, Wirtschaft und Sozialwissenschaften wird die Alterung der Gesellschaft als eine „Bedrohung" der modernen Informationsgesellschaft gesehen. Man befürchtet, dass die Renten- und Pflegeversicherung von immer weniger jungen für eine wachsende Menge an älteren Menschen getragen werden muss. Dies gefährdet unsere wirtschaftliche Stellung ebenso wie der Rückgang an wirtschaftlichen Fachkräften. Gleichwohl wähnen viele Unternehmen ein lukratives Geschäft mit dem besagten demographischen Wandel, denn dieser soll, wie bereits erwähnt, eine aufsteigende Menge an älteren Menschen im „besten Alter" mit sich bringen. Man prognostiziert, dass sich diese zur wichtigsten Käufergruppe der Zukunft entwickeln werden. Die Marketingwissenschaft jedoch hat die so genannten „Best Ager"[1] als Forschungsziel seit nunmehr fast fünfzig Jahren aufgegriffen. Seit sich Robert D. Dodge im Jahre 1958 erstmalig in einer wissenschaftlichen Veröffentlichung mit der Zielgruppe „Senioren" auseinandersetzte, folgten eine kaum zu überblickende Anzahl von Artikeln, Untersuchungen und Handlungsanweisungen für das seniorenbezogene Marketing.[2] In Deutschland durchgesetzt hat sich die Bedeutung reiferer Konsumenten für Unternehmen jedoch erst mit Beginn der 80er Jahre. Seit Beginn der 90er nimmt die Zahl der wissenschaftlichen Veröffentlichungen charakteristisch zu. Es sollte in diesem Zusammenhang jedoch darauf hingewiesen werden, dass der Großteil der Untersuchungen lediglich auf theoretischer Ebene basiert. Die wenigen empirisch angelegten Studien verwenden Datenmaterial, welches teilweise aus englischspra-

---

[1] Anm.: „Best Ager" nach freier Übersetzung der Autorin „Menschen im besten Alter"
[2] Vgl.: Hupp, 2000, S. 1

chigen oder anderen wissenschaftlichen Untersuchungen stammt.[3] Aber was ist wirklich dran an dem zunehmenden Interesse um eine Zielgruppe, die noch nicht einmal eine einheitliche Begriffsdefinition besitzt? Ältere Menschen gab es auch schon vor 30 Jahren, wenngleich ihr prozentualer Anteil an der Gesamtbevölkerung sicherlich geringer war. Dennoch sollte man sich die Frage stellen, ob es Sinn macht und zeitgemäß ist, eine Segmentierung nach lediglich einem Merkmal, dem Alter, vorzunehmen? Und sind die Best Ager in diesem Zusammenhang tatsächlich auch die Best Targets[4]?

1.1 Zielstellung der Studie

Im Rahmen dieser Studie soll analysiert werden, ob und wenn ja, welche Segmentierungsansätze mittels Alterseingrenzung bzw. sonstiger Kriterien sinnvoll sind, um die Zielgruppe 50plus klar und sinnvoll zusammenzufassen. Eine Herausforderung dabei stellt die generelle Definition und bestmögliche Altersbegrenzung der Best Ager dar. Anhand der Untersuchungen soll zudem verdeutlicht werden, dass sich das Gesamtbild dieser Zielgruppe im Vergleich zu den vorherigen Generationen von Älteren gewandelt hat. Resultierend aus den Ergebnissen ergeben sich dann folgende zentrale Fragestellungen der Studie: Welche Bedeutung kommt dieser Zielgruppe im Marketing in Zukunft zu? Ist es für die Anbieter von Produkten oder auch Dienstleistungen lohnenswert, die Best Ager bei möglichen Marketingentscheidungen separat zu berücksichtigen und dementsprechend spezielle Angebote und Leistungen für sie zu entwickeln? Gelten dann besondere Bedingungen hinsichtlich der Ausrichtung von Marketinginstrumenten auf das Best Ager- Segment?

1.2 Aufbau der Studie

Die Vorgehensweise zur Beantwortung dieser Fragen gliedert sich wie folgt: Zunächst geht es in Kapitel 2 um die theoretische Einführung in die Thematik. Sie beinhaltet die Begriffsdefinition und Abgrenzung sowie das Aufgreifen und Widerspiegeln verschiedener Bilder hinsichtlich des Alters. Denn bereits in diesem Bereich zeigt sich, dass keineswegs eine einheitliche Abhandlung existiert. Im Anschluss daran wird in Kapitel 3 die Altersverschiebung anhand der demographischen Entwicklung der Bevölkerung in Deutschland dargestellt. An die Erläuterungen der

---

[3] Vgl.: Hupp, 2000, S. 1f
[4] Anm.: „Best Targets" nach freier Übersetzung der Autorin „die besten Ziele"

zukünftigen Entwicklung der Altersstruktur schließt sich dann in Kapitel 4 die theoretische Betrachtung der Marktsegmentierung an. Hierbei wird auf die Kriterien der Marktsegmentierung eingegangen und deren Relevanz für marketingpolitische Aufgaben eingestuft. Im folgenden Kapitel 5 werden verschiedene Ansätze zur Abgrenzung eines Best Ager-Marktes aufgegriffen und näher betrachtet, um eine mögliche und vor allem sachliche Abgrenzung der reiferen Menschen von anderen Altersgruppen zu erreichen. Dabei werden das etwaige Potential der Zielgruppe 50plus anhand ausgewählter demographischer Merkmale geprüft, aber auch separate Segmentierungskriterien auf deren Tauglichkeit untersucht. In Kapitel 6 wird dann beispielhaft die Entwicklung verschiedener Typologieansätze nach aktuellen Studien dargestellt und analysiert sowie deren Eignung in der Praxis kritisch bewertet.

Anschließend befasst sich Kapitel 7 mit der Beurteilung des Involvements als Erklärungsvariable für das Kaufverhalten. Es wird diesbezüglich auch zu klären sein, ob sich mit zunehmendem Alter der Grad des Involvements ändert oder ob lediglich von einer Verschiebung dieser Variable zu sprechen ist. Mit der Vorstellung einiger ausgewählter und repräsentativer Exempel aus der Praxis soll schließlich in Kapitel 8 ein Einblick in die Aktivitäten von Unternehmen im Best Ager-Segment gegeben werden. Anhand ausgewählter Beispiele wird die Anwendung gezielter Marketingmethoden demonstriert und kommentiert. Hierbei wird besonders auf Branchen eingegangen, die sich schon heute musterhaft mit Produkten oder Marketingstrategien in besagtem Segment etabliert haben.

Abschließend wird in Kapitel 9 vertiefend auf verschiedene Punkte des Marketing-Mix eingegangen, bevor in Kapitel 10 eine zusammenfassende Schlussbetrachtung der Thematik sowie ein kurzer Ausblick auf die Relevanz der Zielgruppe 50plus in der Zukunft erfolgt.

2 Theoretische Einführung

Bei dieser geht es vor allem um die Begriffsklärung sowie dessen Abgrenzung. Zudem sollen verschiedene aktuelle Bilder des Alters u.a. in der Gesellschaft, in den Medien und in der Werbung aufgezeigt werden.

2.1 Begriffsdefinition

In der Literatur und aus den Medien ist die Diskussion zum *Best Ager-Marketing*, in den meisten wissenschaftlichen Abhandlungen als *Seniorenmarketing* betitelt und der vermeintlich zunehmenden Marktmacht der *Senioren* nicht mehr wegzudenken. Resultierend aus der unterschiedlichen Betrachtungsweise, ergeben sich hierbei jedoch deutliche Unterschiede bezüglich einer einheitlichen Definition dieser beiden Begriffe.

Senioren sind, nach gängigen Definitionen aus der Literatur, Menschen, die nicht mehr im Vollzeitarbeitsverhältnis stehen und denen ein Alter ab 50 oder 60 Jahren aufwärts zugeschrieben wird.[5] Beide Varianten, sowohl ab 50 als auch ab 60 Jahren werden heute mehr denn je kontrovers diskutiert. Gehört ein Mensch ab 50 Jahren tatsächlich schon zum Kreis der Senioren oder sollte man die Grenze bei 60 Jahren ziehen, da die Deutschen durchschnittlich mit 60,5 Jahren in Rente gehen?[6] Allerdings stellt sich auch hier deutlich die Frage und es liegt vielmehr im Ermessen des Betrachters, ob man bei Personen ab 60 Jahren von Senioren sprechen kann.

Zunächst geht es um die eigene Wahrnehmung des Alters. Im Gegensatz zu früher empfinden sich 60-jährige Menschen heute selbst durchschnittlich 10-15 Jahre jünger als damals: ein erster Hinweis darauf, wie schwierig allein die chronologische Einordnung des Alters ist. Diese positive Selbstwahrnehmung des eigenen Alters ist u.a. auf eine bessere gesundheitliche Versorgung sowie verbesserte Umweltbedingungen zurückzuführen, aber wohl auch auf den anscheinend nicht endenden Fortschritt der Kosmetikindustrie.

Grundsätzlich lässt sich festhalten, dass die Generation ab 50 zwar biologisch immer älter wird, sich jedoch mental jünger fühlt als jemals zuvor. Dies und die Tatsache,

---

[5] Vgl.: Hölper, 2002, S. 12
[6] Quelle: Deutsches Institut für Altersvorsorge; Internationaler Reform-Report 2001; www.dia-vorsorge.de/downloads/df010313.pdf; Stand: 06.11.2006

dass auch, wie oben beschrieben, in der Literatur keine allgemeingültige Definition für die so genannte Senioren-Zielgruppe vorliegt, macht eine Abgrenzung anhand einer Begriffsbildung schwierig.

Das reine **Seniorenmarketing** lässt sich nach Gassmann/Reepmeyer wie folgt definieren: ein sensibles und bedürfnisgerechtes Marketing für ältere Menschen, welches durch den Einsatz zielgruppenspezifischer Marketinginstrumente den gewünschten Markterfolg bringen soll.[7] Es sollte jedoch darauf hingewiesen werden, dass in der gängigen Literatur nicht die Frage im Mittelpunkt steht, was Seniorenmarketing in seiner Gesamtheit bedeutet. Vielmehr geht es um die Klärung der These, ob dieses spezielle Marketing überhaupt nötig ist oder ob nicht ein integriertes Marketing, welches einen zielgruppengerechten, relevanten Vorteil auf klare, informative und überzeugende Weise vermitteln kann, Erfolg versprechender wäre.[8] Diese Fragestellung gilt es in weiteren Überlegungen zu klären.

2.2 Begriffsabgrenzung

In der einheitlichen Benennung der älteren Zielgruppe setzt in der Literatur und in den Medien Verwirrung ein und es stellt sich heraus, dass es keineswegs nur eine allgemeingültige Bezeichnung gibt. Der Begriff „Senior" wurde vor einiger Zeit ein Modewort, das zur Beschönigung des Ausdrucks „alt" verwendet wurde. Aus „Alten" wurden „Senioren" und aus „Altersheimen" wurden „Seniorenresidenzen".[9] Bis ungefähr Mitte der 80er Jahre wurde somit noch völlig selbstverständlich und wertfrei der Begriff *Senioren* verwendet und am *Seniorenmarketing* war nichts Anstößiges zu finden. Das Wort „Senior" selbst stammt aus dem Lateinischen und bedeutet soviel wie der „Alte" oder „Reife".[10] Wenn man zum Vergleich die Definitionen der jüngeren Zielgruppen heranzieht, zeigt sich ein weitaus positiveres Bild, während Definitionen um *Senioren* stets auch etwas Negatives suggerieren. Ist der Begriff „alt" nicht auch automatisch mit *gebrechlich, krank* und *langweilig* geprägt? Assoziieren wir nicht auch das Charakteristikum „Ruhestand" mit *Ruhe* und *Stillstand*? Alles nicht sehr reizvolle Bezeichnungen wenn man bedenkt, dass sich die heutigen *Senioren* 10-15 Jahre jünger fühlen und sich auch so präsentieren, denn der Begriff des Alters

---

[7] Vgl.: Gassmann/Reepmeyer, 2006, S. 140
[8] Vgl.: Best Age Report 1/2005 der Bauer Media KG, S.2, www.web-objects.info/senioragency/index.php?id=36; Stand: 30.09.2006
[9] Vgl.: Gaube, 1995, S. 5
[10] Vgl.: Gaube, 1995, S. 6

unterliegt seit einigen Jahren rasanten Veränderungen. Infolgedessen entwickeln auch die Marketingagenturen immer neuere Begriffe, um die ältere Generation positiver anzusprechen und ihr zu schmeicheln. Wortschöpfungen wie „50plus" (ein Begriff, der den Beginn des „Seniorendaseins" demonstrieren soll) oder „Best Ager" (dieser englische Begriff soll ein positives Bild vermitteln, da er auf die Menschen im besten Alter anspielt) haben das Ziel, die negativen Assoziationen mit dem Alter zu vermeiden. Dadurch sind in der Vergangenheit leider auch zunehmend übertriebene Begriffe wie „Generation Silber", „Master Consumers" und „Golden Oldies" geprägt worden. Aber auch Abkürzungen wie

- Woopies (well of older people)= wohlhabende ältere Menschen,
- Selpies (second life people)= Menschen im zweiten Lebensabschnitt,
- Grampies (growing retired active moneyed people in an excellent state)= zunehmende Gruppe begüterter, gesunder Best Ager
- Grumpies (grown-up mature people)= erwachsene reife Menschen[11]

wurden mit undenkbarer Phantasie erfunden. Es ist jedoch sehr fraglich, ob diese Wortdeutungen eine Identifikation durch die Zielgruppe fördern oder einfach lächerlich und unpassend wirken. Denn es ist anzunehmen, dass sich einzig durch eine Begriffsänderung nicht zwangsläufig auch die Einstellung der Gesellschaft wandelt. Das mit dem Wort „Senior" verbundene Image fördert nach wie vor ungewollt negative Assoziationen.

Um der oben beschriebenen Unsicherheit in den Begrifflichkeiten entgegenzutreten, wurde als Titel der Studie bewusst der Wortlaut „Best Ager" erweitert um den Zusatz „Zielgruppe 50plus" gewählt. Hierbei werden alle Menschen, die 50 Jahre und älter sind, in die Betrachtungen miteinbezogen. Aus stilistischen Gründen und um die Formulierungsmöglichkeiten weiter zu fassen, werden dennoch auch Begriffe wie „die Älteren" oder „die reifere Generation" genutzt, um den Gegensatz zur jüngeren Zielgruppe zu betonen.

---

[11] Vgl.: Gaube, 1995, S. 45

2.3 Altersbild in der Gesellschaft

Die Diskussionen und Umgangsweisen hinsichtlich des Alterns werden in Öffentlichkeit, Politik und von beteiligten Wissenschaften mehr oder weniger durch latente Problemdefinitionen geprägt. Altern steht mittlerweile im Zentrum gesellschaftlicher nicht mehr nur individueller Befürchtungen.[12] Heute findet die problematische Seite des Älterwerdens verstärkt ihren Ausdruck in der Angst vor Veränderungen, die die wachsende Zahl und der zunehmende Anteil älterer Menschen an der Bevölkerung sowohl gesellschaftlich als auch für jeden einzelnen mit sich bringen können. Die Entwicklung und Diskussion ums Altern sind gekennzeichnet durch eine Mischung von Fakten und Visionen, die tendenziell eher eine negative Grundhaltung wiedergeben. Sie spiegeln nicht nur die eigene Angst um das Älterwerden wider, sondern ganz besonders die Besorgnis über die Bedeutung, die diese Entwicklung für die Gesellschaft insgesamt einnimmt. Denn schließlich hat der prognostizierte demographische Wandel Auswirkungen auf die Lebens- und Entwicklungschancen aller Generationen. Hinzu kommt eine neue Dimension, die Altern auch gesellschaftlich zum Problem machen kann: die Paradoxie zwischen Längerleben, besserer Lebensqualität im Alter, mehr Ressourcen älterer Menschen auf der einen Seite und dem weiter bestehenden gesellschaftlichen Strukturkonzept. Demzufolge ist das Altern nicht nur ein individueller und persönlicher Vorgang, sondern eine gesellschaftliche Entwicklungsaufgabe, eine Herausforderung an die Entwicklung in verschiedenen übergreifend gesellschaftlichen, institutionellen, interaktiven und individuellen Bereichen.[13] Zukunftsforscher Matthias Horx merkte dazu an, dass sich die gegenwärtig geführte Altersdebatte „vor allem von der Sensation der Angst nähre sowie dem Getöse der Zuspitzung. Im Grunde sei man aber wenig an der Frage der Lösung und Veränderung dieses Problems interessiert."[14]

2.4 Altersbild in den Medien

Man schreibt das Jahr 2030. Der technische Fortschritt besteht vor allem darin, dass sich die Menschen auf der Straße mit „Segways", motorisierten Stehrollern, fortbewegen. Ansonsten herrschen Trostlosigkeit und Elend, denn jeder dritte Deutsche ist über 60. „Wohin das Auge blickt", steht im Drehbuch, „arme Alte." Die

---

[12] Vgl.: Backes in Clemens/Backes, 1998, S. 30
[13] Vgl.: Backes in Clemens/Backes, 1998, S. 43
[14] Vgl.: Horx in Spiegel special, 08/2006, S. 11

Zustände sind erbarmungswürdig in dieser Alten-Republik, die zwar erfunden ist, aber Realität vorspiegelt. Als „Social-Fiction" bezeichnet das ZDF das dreiteilige Fernsehspiel „2030-Aufstand der Alten", das Anfang 2007 ausgestrahlt wurde. Die Botschaft des Films: die verbreitete Altersarmut, die die Folge eines aus den Fugen geratenen Rentensystems wiedergeben soll. Das Drehbuch folgt den Schreckensbildern, die etliche Wissenschaftler und Publizisten in den vergangenen Jahren voraussagen.[15] An ungeheurer Popularität hat das Thema Demographie im Jahre 2004 gewonnen. Mit der Herausgabe des Buches „Das Methusalem-Komplott" prognostizierte Frank Schirrmacher, „dass die Menschheit in unvorstellbarem Ausmaß altere und die Gesellschaft schon in wenigen Jahren diese Alterung als Schock erfahren werde, der nur mit dem der Weltkriege vergleichbar sei."[16] Damit lieferte der Autor nicht nur den Gesprächsstoff für Talkshows und Feuilletons, sondern für ganze Kongresse und Filme.

Vor allem aber renommierte Ökonomen widersprechen dem Angstgerede um das „Demographische Schreckgespenst". Man halte es für verfehlt, nur die negativen Begleiterscheinungen in der Altersdebatte zu sehen, denn Wirtschaft und Wohlstand könnten trotz des demographischen Wandels weiter wachsen. Denn gerade die längere gesunde und aktive Lebensspanne eröffne Chancen und Wachstumspotentiale u.a. im Bereich für Pflege- und Gesundheitsprodukte.[17]

2.5 Altersbild in der Werbung

Die ständig zunehmende Bedeutung und Diskussion hinsichtlich des demographischen Wandels in den Medien und in der Gesellschaft wirkt sich auch auf die Präsenz der Best Ager in der Werbung aus. Betrachtet man die derzeitigen Rahmenbedingungen für die deutsche Werbebranche in Bezug auf die Generation 50plus, bleibt zunächst positiv festzuhalten, dass die allgemeine Akzeptanz in der Werbung in den letzten Jahren gestiegen ist. Im Jahre 2000 dagegen sprach man noch von einer deutlichen Unterpräsenz der Generation 50plus in der Werbewelt. Jankowski und Neundorfer befragten zu diesem Zeitpunkt 100 Mediaplaner und Produktmanager zum Thema Best Ager. 60% der Befragten waren sich einig, dass die über 50-jährigen als Werbezielgruppe generell vernachlässigt würden und 64%

---
[15] Vgl.: Pötzl in Spiegel special, 08/2006, S. 10f
[16] Vgl.: Schirrmacher, 2004, Abstract Rückcover
[17] Vgl.: Pötzl in Spiegel special, 08/2006, S. 11

sagten aus, dass es nur wenige gelungene Werbekonzepte für die oben benannte Zielgruppe gäbe.[18] Sechs Jahre später ist viel über die „neue" Zielgruppe geschrieben und diskutiert worden. Unternehmen und Agenturen versuchen heute verstärkt altersintegrative Werbung zu entwickeln und diese in Print und Fernsehen zu positionieren. Dennoch bestehen noch keine großen Erfahrungen bei der werblichen Ansprache. Die Best Ager sind noch immer werbliches Neuland. Es hat zudem viele Misserfolge gegeben, da es zum Teil noch immer an adäquaten Informationen über die Zielgruppe mangelt und die Befürchtung herrscht, dass ältere Werbefiguren diese Eigenschaft auf das Produkt übertragen würden. Ein durchaus nachvollziehbares Argument, wenn man davon ausgeht, dass Werbung immer auf Aktualität und Trends zielt und Unternehmen die Assoziation ihrer Produkte mit *alt* und *out* vermeiden möchten. Dass dies jedoch nicht zwangsläufig so sein muss, beweist seit Mitte der 90er Jahre die Beiersdorf AG mit ihrer Werbung für die Pflegeserie Nivea Vital einer speziellen Gesichtspflegeserie für die Frau ab 55. Dabei warb dafür keine 20-jährige Frau, sondern das damals 52-jährige Model Susanne Schöneborn. Einem langen Streit im Hause des Kosmetikherstellers folgte eine Erfolgsgeschichte. Mit einem Anteil von 40 Prozent führt Nivea Vital heute den 80 Millionen Euro schweren Gesamtmarkt für „Reife Haut" an.[19] Ein weiterer Grund für den noch zögerlichen Umgang mit den Best Agern in der Werbung könnte auch in der Tatsache zu finden sein, dass viele Werbemacher und Produktmanager oft selbst noch sehr jung, selten jedenfalls über 35 sind. Somit fehlt diesen der Zugang zur älteren Zielgruppe und schlussfolgernd daraus, ein viel versprechendes Bild, um ein erfolgreiches und gelungenes Werbekonzept zu generieren.

---

[18] Vgl.: Jankowski/Neundorfer, 2000, S. 96
[19] Vgl.: Niejahr/Rohwetter in Die Zeit, 04/2004

3 Demographische Entwicklung

Zur Beurteilung des qualitativen Wertes der Zielgruppe für das Marketing erfolgt an dieser Stelle eine kurze Betrachtung der allgemeinen Bevölkerungsentwicklung in Deutschland. Anhand derer wird zunächst die Stellung der Zielgruppe innerhalb der Gesellschaft betrachtet, um anschließend Rückschlüsse auf deren Bedeutung im Bereich Marketing zu ziehen.

3.1 Bevölkerungsentwicklung

Die Strukturen moderner Gesellschaften haben sich in diesem Jahrhundert erheblich gewandelt, auch und ganz besonders, weil sich die Altersverteilung so nachhaltig wie noch nie in der Geschichte verändert hat. Seit nunmehr 15 Jahren wird die Gesellschaft als „ergraut" beschrieben und wie kaum ein anderer Bereich rückt die Thematik oder vielmehr Problematik „Alterung" heute in den Brennpunkt öffentlicher Diskussionen und Debatten.[20]

Man spricht von Thematik, da sich auf Grund von Statistiken, Beiträgen in Magazinen und Zeitschriften, Talkrunden im Fernsehen und eigener Erfahrungen niemand mehr dem „Zustand" entziehen kann: Wir werden immer älter. Eine Tatsache, die jedem bewusst ist, jedoch gleichzeitig eine beunruhigende Problematik widerspiegelt. Auf Grund von Geburtenrückgängen und der gestiegenen Lebenserwartung vollzieht sich ein demographischer Wandel, die Gesellschaft altert rapide. Um den gegenwärtigen Bevölkerungsstand zu sichern, müsste jede Frau im Laufe ihres Lebens 2,1 Kinder gebären. Mit 1,3 Kindern pro Frau ist Deutschland jedoch weit entfernt den Bevölkerungsverlauf positiv mitzugestalten.[21] Wir entwickeln uns somit stetig von der allseits bekannten Bevölkerungspyramide zum Bevölkerungspilz (siehe Abb. 1). Was das genau für unsere Gesellschaft bedeutet, wird von den Wissenschaftlern in sehr unterschiedlichen Szenarien dargestellt. Exemplarisch zu nennen wäre hier u.a. das Problem der zukünftigen Versorgung der Renten- und Pflegeversicherung und der zu vermutende schleichende Rückgang an qualifizierten Fachkräften für Unternehmen. Alle aktuellen Bevölkerungsprognosen lassen zudem die Entwicklung vermuten, dass sowohl die absolute Zahl der über 60-Jährigen als auch ihr Anteil an der Gesamtbevölkerung ständig wachsen werden. So werden den Menschen im

---

[20] Vgl.: Backes in Clemens/Backes, 1998, S. 25
[21] Vgl.: Gassmann/Reepmeyer, 2006, S. 5

erwerbsfähigen Alter immer mehr über 60-jährige im eingeschränkt erwerbsfähigen Alter gegenüberstehen. Außerdem wird der Anteil derer, die ein Alter von über 75 Jahren haben, an der Gesamtbevölkerung stark zunehmen. Daraus resultierend sind weit reichende Veränderungen des Systems gesundheitlicher und sozialer Sicherung, insbesondere im Segment der Pflegeleistungen zu erwarten.[22]

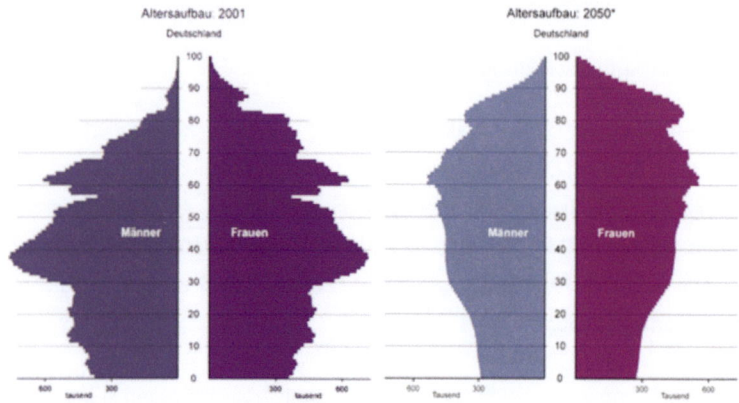

Abb. 1: Darstellung der Bevölkerungsentwicklung in Deutschland[23]

Nach Vorausberechnungen des Statistischen Bundesamtes nimmt die Bevölkerung der Bundesrepublik Deutschland in den nächsten 50 Jahren um mindestens 7 Millionen ab. Heute hat Deutschland eine Bevölkerungsdichte von knapp 82,5 Millionen Menschen. Im Jahre 2050 werden es nach der Variante 5 der 10. koordinierten Bevölkerungsvorausberechnung nur noch ca. 75 Millionen sein.[24] Diese Annahme resultiert aus der begründeten Wahrscheinlichkeit, dass auch in den nächsten Jahren mehr Menschen sterben als neue geboren werden. Dazu kommt der Fakt, dass ein immer besseres Gesundheitssystem und auch ein gesünderer Lebensstil zu einer immer höheren Lebenserwartung beitragen.

---

[22] Vgl.: Backes in Clemens/Backes, 1998, S. 25
[23] Quelle: Statistisches Bundesamt, www.destatis.de/basis/d/bevoe/bevoegra2.php, Stand: 02.11.2006
[24] Anm.: Variante 5: „mittlere" Bevölkerung, „mittlere" Wanderungsannahme W2 (jährlicher Saldo 200.000 Personen) und „mittlere" Lebenserwartungsannahme L2 (durchschnittliche Lebenserwartung 2050 bei Ø 81 Jahren für Männer bzw. 87 Jahren für Frauen)

3.2 Entwicklung der Altersstruktur

Die demographische Entwicklung in Deutschland hat einen Punkt erreicht, wo sich das zahlenmäßige Verhältnis zwischen älteren und jüngeren Menschen in absehbarer Zukunft verändern wird. Die Zahlen der Gegenwart und die prognostizierten Werte der Zukunft (siehe Abb. 2) machen deutlich, wie stark sich die Anteile der verschiedenen Bevölkerungsgruppen verschieben werden. Das niedrige Geburtenniveau wird dazu führen, dass die Zahl der unter 20-Jährigen von aktuell 17 Millionen auf 12 Millionen im Jahre 2050 sinken wird. Die Gruppe der Menschen über 50 Jahre wird gleichzeitig mit ca. 37 Millionen mehr als dreimal so groß sein. Prägnant zurückgehen wird also der Anteil der 19- bis 40-Jährigen an der Bevölkerung. Kleiner wird somit die Gruppe der jüngeren Menschen im erwerbsfähigen Alter. Vermutlich wird dies dazu führen, dass das Arbeitsleben wieder weitaus stärker von älteren Arbeitnehmern geprägt sein wird.[25]

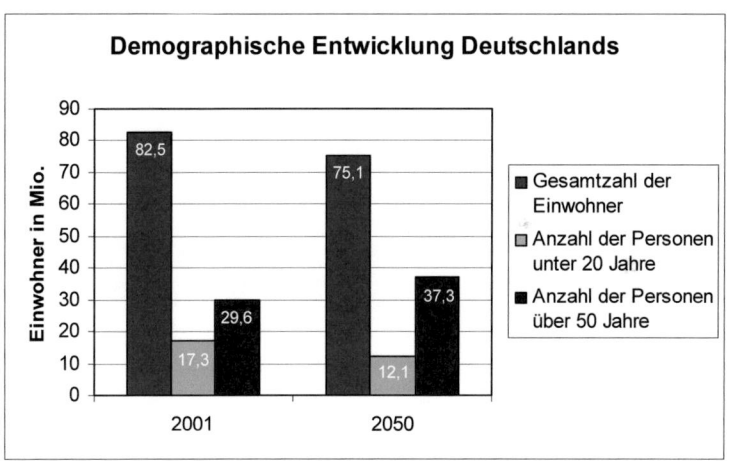

Abb. 2: Heutige und zukünftige Zusammensetzung der Bevölkerung Deutschlands[26]

Im Fazit ist hervorzuheben, dass in Zukunft von einer Repräsenz des Anteils der Menschen über 50 von etwa 49% der Gesamtbevölkerung ausgegangen wird. Das Marktsegment der über 50-Jährigen wird somit in den nächsten 50 Jahren schät-

---

[25] Vgl.: Backes in Clemens/Backes, 1998, S. 25
[26] Quelle: Statistisches Bundesamt, www.destatis.de/presse/deutsch/pk/2003/Bevoelkerung_2050.pdf, Stand: 02.11.2006 Anm.: Ab dem Jahr 2010 Schätzwerte der 10. koordinierten Bevölkerungsvorausberechnung (Variante 5)

zungsweise um rund 25 Prozent zunehmen und könnte somit auf den ersten oberflächlichen Blick einen Wachstumsmarkt bilden.

Würde man also allein die demographische Veränderung als Kriterium zur Erschließung eines neuen Marktes nehmen, so würde diese eindeutig für ein konsequentes Marketing bezüglich der Zielgruppe 50plus sprechen.

3.3 Konsequenzen für das Marketing

Auch wenn keine der bis heute existierenden Studien eine exakte Auskunft darüber bieten kann, wie stark sich der demographische Wandel vollziehen wird, ist man sich dennoch darüber einig, dass er stattfindet.[27] In der Annahme, dass die deutsche Bevölkerung in den nächsten Jahren weiterhin abnehmen wird, kann dies dazu führen, dass die derzeit groß umworbenen „Jugend-Märkte" immer mehr schrumpfen werden. Generell ist daher festzuhalten, dass vermutlich – auf Grund dieser demographischen Entwicklung – eine immer größer werdende Gruppe von Menschen entsteht, die sich in der zweiten Lebenshälfte befindet. Zu dieser Zielgruppe zählen diejenigen Personen, die angesichts ihres Alters nicht mehr zu den jungen Erwachsenen gezählt werden können, sondern eher zu einer „neuen" Gruppe reiferer und älterer Menschen gehören, für die die herkömmliche Kategorie „Senioren" eine völlig unzutreffende wäre.[28] Das bewusste Abheben von der Masse, erfasst zunehmend auch die Generation ab 50 Jahren und nicht mehr nur die jüngeren Zielgruppen. Doch selbst wenn ein Segment bezüglich seiner Größe und seines Wachstums auf den ersten Blick als positiv zu bewerten ist, kann die Bearbeitung dieser Zielgruppe dennoch unrentabel sein. Dies gilt es anhand verschiedener Segmentierungsansätze zu prüfen und diese letztendlich auf deren Tauglichkeit zu bewerten. Ebenso gilt die bewusste Klärung der Frage nach der passenden Kombination von Zielgruppe und bestimmten Produkten.

---

[27] Anm.: Aus diesem Grunde legt u.a. das statistische Bundesamt verschiedene Varianten zur Bevölkerungsvorausberechnung vor, da die genauen Daten (z.B. Zuwanderungsquote oder Geburtenrate) schwer abzuschätzen sind
[28] Anm.: In der Werbebranche alle Personen bis 49 Jahre

4 Marktsegmentierung

Wenn es um Marketingstrategien geht, verbindet man diese meist mit den klassischen Komponenten des Marketing-Mix (*Product, Price, Place, Promotion*) – erweitert um drei weitere P's für das Marketing von Dienstleistungen (*People, Processes, Physical Facilities*).[29] Betrachtet man das Thema Marktsegmentierung jedoch genauer, lässt sich schnell feststellen, dass es als wichtiges Element der Marketingstrategie als Gesamtheit anzusehen ist. Denn erst die sensible Segmentierung eines Marktes bildet die Grundlage für eine konkrete Gestaltung des Marketing-Mix. Dabei ist die Notwendigkeit dieses Instrumentes unumstritten, denn Unternehmen müssen sich heute mehr denn je bei der Gestaltung von Maßnahmen an den Bedürfnissen und Befindlichkeiten unterschiedlicher Zielgruppen orientieren und diesen so gut wie möglich Rechnung tragen.[30] Ursache dafür ist nicht nur eine zunehmend stagnierende Nachfrage in vielen Branchen, sondern auch eine ansteigende Heterogenität der Bedürfnisse der Verbraucher.

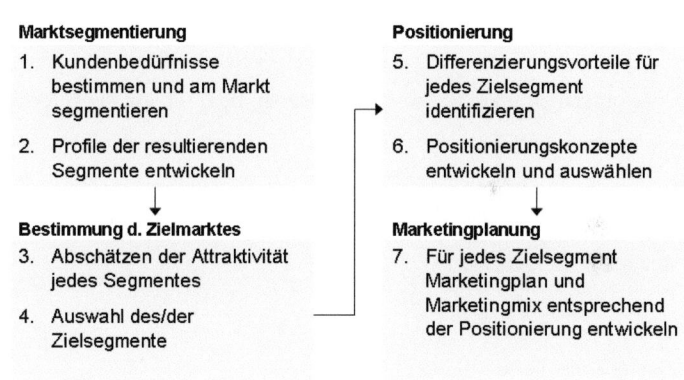

Abb. 3: Schrittfolge zur Marketingplanung[31]

4.1 Begriff der Marktsegmentierung

Obwohl sich die Begriffsdefinitionen in der Fachliteratur sowie die Vorgehensweisen in Teilbereichen unterscheiden, findet sich die gleiche Grundidee letztendlich in jeder Definition wieder: Durch eine Segmentierung eines heterogenen Marktes sollen

---

[29] Vgl.: Homburg/Krohmer, 2003, S. 833 sowie Meffert, 1998, S. 1079
[30] Vgl.: Hupp, 1999, S. 247
[31] Vgl.: Vossebein in Pepels, 2000, S. 21

homogene Teilmärkte gebildet werden, für die entsprechend den Anforderungen der potenziellen Kunden adäquate Produkte und Dienstleistungen entwickelt, positioniert und vermarktet werden können.[32] Meffert definiert Marktsegmentierung in ihrer Gesamtheit als integriertes Konzept der Markterfassung und Marktbearbeitung mit dem Hauptziel einen hohen Identitätsgrad zwischen der angebotenen Marktleistung und den Bedürfnissen der Zielgruppe zu erreichen.[33]

4.2 Kriterien der Marktsegmentierung

Unternehmen bedienen sich verschiedener Segmentierungskriterien, um homogene Kundenbedürfnisse möglichst früh zu erkennen, das Kundensegment mit einem segmentspezifischen Marketing-Mix zu bearbeiten und damit eine möglichst hohe Kundenzufriedenheit erreichen zu können. Bei der Umsetzung der Marktsegmentierungsstrategie gilt es zunächst mit Hilfe der Marktforschung die entsprechenden Segmentstrukturen des potentiellen Kundenstamms zu identifizieren. Hierbei können unterschiedliche Kriterien zur Marktaufteilung herangezogen werden, je nachdem, auf welchen Märkten operiert wird.

Folgende Verbrauchermerkmale kommen einzeln oder in kombinierter Form in Betracht:

- Soziodemographische Kriterien
- Geographische Kriterien
- Psychographische Kriterien
- Verhaltensorientierte Kriterien[34]

Die Abgrenzung von Segmenten kann je nach Bedarf z.B. anhand soziodemographischer Daten erfolgen und kann ergänzend an verhaltensorientierten Kriterien wie Preisverhalten oder Entscheidung über die Produktwahl beschrieben werden.

---

[32] Vgl.: Vossebein in Pepels, 2000, S. 21 sowie Homburg/Krohmer, 2003, S. 314
[33] Vgl.: Meffert, 1998, S.174f
[34] Vgl.: Vossebein in Pepels, 2000, S.22 sowie Meffert, 1998, S. 181

Die nachfolgende Grafik verdeutlicht die Abgrenzung zwischen den Verbrauchermerkmalen und erhält zudem eine Auswahl an relevanten Marktsegmentierungskriterien:

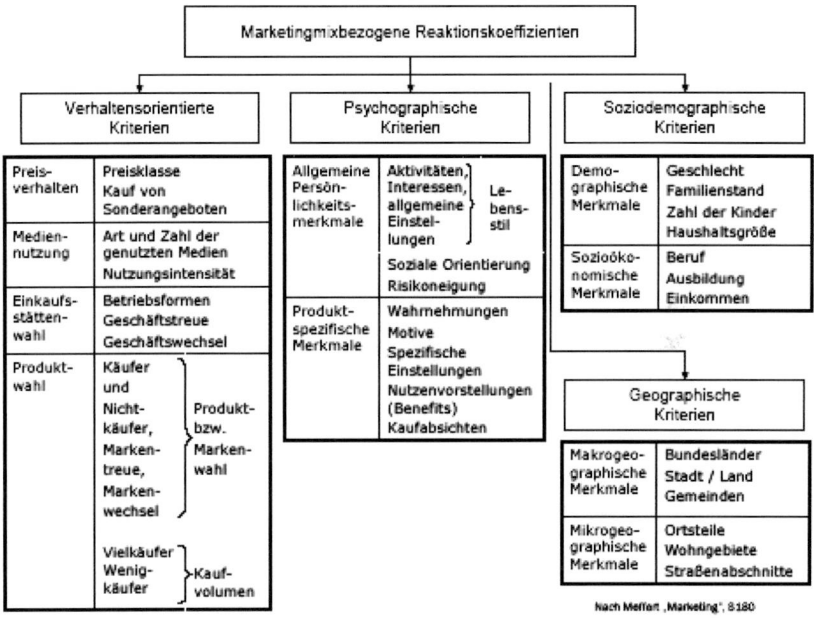

Abb. 4: Kriterien der Marktsegmentierung[35]

Es sollte jedoch beachtet werden, dass eine Segmentierung des Gesamtmarktes in verschiedene Teilmärkte grundsätzlich gewissen **Mindestanforderungen** genügen sollte. Denn eine Segmentierung des Marktes kann auch den Nachteil haben, dass bspw. auf Grund von Budgetrestriktionen nur bestimmte Segmente bearbeitet werden können. Damit wächst auch die Abhängigkeit vom Nachfrageverhalten dieser Teilmärkte. Es besteht also das Risiko, dass sich oligopolistische Nachfragestrukturen entwickeln.

---

[35] Quelle: Meffert, 1998, S. 180

Es können somit nur dann geeignete Marketingstrategien gefunden und letztendlich sensibel und zur Zielgruppe stimmig umgesetzt werden, wenn folgende Anforderungen erfüllt sind:[36]

- **Kaufentscheidungsrelevanz:** Die gewählten Kriterien müssen verhaltensrelevant sein. Die identifizierten Teilsegmente müssen, bezogen auf das Kaufverhalten, in sich homogen sein, damit der Einsatz des segmentspezifischen Marketings erfolgreich erfolgen kann.

- **Messbarkeit:** Die ausgewählten Kriterien müssen mit den zur Verfügung stehenden Marktforschungsmethoden gemessen werden können. Nur auf der Grundlage korrekter Daten können mathematisch-statistische Verfahren zur Segmentierung eingesetzt werden.

- **Erreichbarkeit:** Die gewählten Segmente müssen mit den Marketinginstrumenten erreichbar sein.

- **Handlungsfähigkeit:** Die gewählten Kriterien müssen es ermöglichen, die Marketinginstrumente differenziert einzusetzen. Nur in diesen Fällen kann eine Verbindung zwischen der Marktaufteilung und der Bearbeitung des Marktes erfolgen.

- **Wirtschaftlichkeit:** Die Teilsegmente müssen ein Potential bieten, damit sich der Einsatz eines spezifischen Marketing-Mix rentiert. Der Nutzen der differenzierten Marktbearbeitung muss die dadurch entstehenden Kosten übertreffen.

- **Zeitliche Stabilität:** Die Abgrenzung der Segmente muss zumindest im gewählten Planungszeitraum weitgehend konstant bleiben, da ansonsten die segmentspezifischen Aktivitäten nicht greifen können.

4.3 Relevanz einer Segmentierung für Unternehmen

Da ein Unternehmen mit Hilfe der Marktsegmentierung den differenzierten Ansprüchen der Verbraucher entsprechen kann, erweist sich dieses Instrument als ideal, um oben genannten Problemen, wie bspw. stagnierender Nachfrage, entgegenzuwirken. Es gilt nicht nur, den Markt effektiver lenken zu können, sondern

---

[36] Vgl.: Vossebein in Pepels, 2000, S. 41 sowie Meffert, 1998, S. 178f

auch überdurchschnittliche Preisspielräume zu nutzen, Wachstumsmöglichkeiten zu schaffen, eine gezielte Kommunikation zu erreichen und zusätzliche Marktanteile zu generieren.

Als Resultat kann festgehalten werden, dass eine lohnende Marktsegmentierung auch gleichzeitig die Basis für Kundenorientierung und Differenzierung bildet. Jedoch gilt immer auch das Prinzip der Wirtschaftlichkeit, denn Kosten für Markterfassung und Marktbearbeitung müssen durch zusätzlich erzielbare Erlöse überkompensiert werden.[37]

---

[37] Vgl.: Meffert, 1998, S. 177

5 Möglichkeiten zur Abgrenzung eines Best Ager-Marktes

Die Planung von Best Ager-orientierten Marketingmaßnahmen ist nur dann zweckmäßig, wenn diese auch wirklich ein klar abgrenzbares Segment darstellen. Daher ist es erforderlich, den Typus „reiferer Konsument" genau und klar zu definieren. Das Vorhandensein oder die Größe eines Marktes kann nur dann sinnvoll bestimmt werden, wenn bekannt ist, welche Konsumentengruppe diesem Markt zugerechnet werden können. Es stellt sich dazu die Frage, welche Merkmale am Besten geeignet sind, um diese Zielgruppe klar und eindeutig zu segmentieren. Versteht man unter einem Best Ager-Markt einen Markt älterer Menschen, so wäre eine Segmentierung nach dem Alter angebracht. Man würde hierbei unterstellen, dass das Konsumverhalten vom Alter der Person abhängt. Alle Personen, die ein bestimmtes Alter überschritten haben, gelten als Best Ager und würden als homogenes Segment betrachtet. Ist Altern nicht aber ein höchst individueller Prozess, das Ergebnis eines Lebens mit unterschiedlichen Erfahrungen und Erlebnissen, der einer eigenen Dynamik unterliegt?

Im Folgenden werden verschiedene Segmentierungsansätze geprüft, um festzustellen, ob Best Ager wirklich ein klar abgrenzbares Segment bilden und, resultierend daraus, mit einer expliziten Marketingstrategie bedient werden können oder sollten. Auf Grund der Komplexität des Themas erfolgt zusätzlich auch der Versuch einer Abgrenzung der Zielgruppe nach biologischen, psychologischen soziologischen sowie lebensstilbezogenen Kriterien. Diese sind für eine lückenlose Abgrenzung Voraussetzung und sollen dazu beitragen, einen mehrdimensionalen Überblick zu vermitteln. Sie sollen zudem Aufschluss bieten, ob die Segmentierung eines Best Ager-Marktes lohnenswert sein kann oder Aufwand und daraus entstehender Nutzen nicht im Verhältnis stehen.

5.1 Abgrenzung anhand soziodemographischer Kriterien

Soziodemografische Kriterien werden bevorzugt, weil sie sich leicht erheben lassen und von einem Zusammenhang zwischen einer Altersgruppe und ihren jeweiligen Eigenschaften auszugehen ist. Es stellt sich jedoch die Frage, ob sie als alleinige Indikatoren ausreichen oder man sie lediglich als wichtige Rahmenbedingung im großen Ganzen betrachten und letztendlich einordnen sollte.[38] Dies gilt es in weiteren Ausführungen zu prüfen. Um den Rahmen der Studie nicht zu überschreiten und die Konzentration auf das Wesentliche nicht zu verlieren, wird nur auf einige bezeichnende Kriterien bezüglich der Soziodemographie eingegangen.

5.1.1 Abgrenzung anhand wirtschaftlicher Kriterien

Die Segmentierungsmethode anhand wirtschaftlicher Kriterien findet ihre Begründung mit Blick auf das Konsumentenverhalten. Man geht davon aus, dass das Konsumentenverhalten von Personen erheblich durch das zur Verfügung stehende Einkommen gelenkt wird.[39] Es ist daher anzunehmen, dass ein geringeres Einkommen auch einen beschränkenden Effekt auf das entsprechende Kaufverhalten hat und generell die Kaufbereitschaft im Allgemeinen stark beeinflusst.

In Zusammenhang mit der Zielgruppe 50plus kann gesagt werden, dass Armut und Alter heute nicht mehr automatisch in Bezug zueinander stehen. Dies bedeutet jedoch nicht, dass es sie nicht mehr gibt. Eine relativ kleine Minderheit – vor allem Frauen, die vor 1920/25 geboren sind ist finanziell so schlecht gestellt, dass das Wort „Altersarmut" noch heute seine Berechtigung hat.[40] Werden die Zahlen in Abb. 5 verglichen, so wird deutlich, dass die Gruppe der 45- bis 55-Jährigen mit 3.383 Euro das höchste Nettoeinkommen zur Verfügung hat, jedoch dicht gefolgt von den 55- bis 65-Jährigen mit einem Einkommen von 3.015 Euro pro Monat. Dieses liegt somit immer noch über dem Durchschnittsnettoeinkommen aller Haushalte. Absolut betrachtet, ist das Einkommen der Haushalte der 35- bis 45-Jährigen mit 3.166 Euro im Monat höher als das der 55- bis 65- und 65 bis 70-Jährigen. Jedoch sollte bedacht werden, dass Kostenfaktoren wie abzuzahlende Kredite, im Haushalt lebende Kinder, größere Anschaffungen wie Wohnungseinrichtungen etc. die Höhe des verfügbaren Einkommens bei den 35- bis 45-Jährigen erheblicher mindern können als bei den 55- bis 70-Jährigen. Somit sollte das Nettoeinkommen pro Monat nicht mit dem frei verfügbaren Einkommen der jeweiligen Altersgruppe verwechselt werden. Relativ gesehen, könnte man also davon ausgehen, dass das frei verfügbare Einkommen bei den Haushalten ab 55- bis 70-Jährigen höher ist als bei den 35- bis 45-Jährigen. Begründet liegt dies im geringeren Kostenaufwand der

---

[38] Vgl.: Trommsdorf, 2002, S. 211
[39] Vgl.: Gassmann/Reepmeyer, 2006, S. 32
[40] Vgl.: Lehr in Meyer-Hentschel, H./Meyer-Hentschel, G., 2006, S. 25

Zielgruppe, da oben genannte Faktoren entfallen: Abzuzahlende Kredite sind in den meisten Fällen bereits getilgt und zum Haushalt gehörige Kinder sind größtenteils erwachsen und stehen finanziell auf eigenen Beinen stehen.

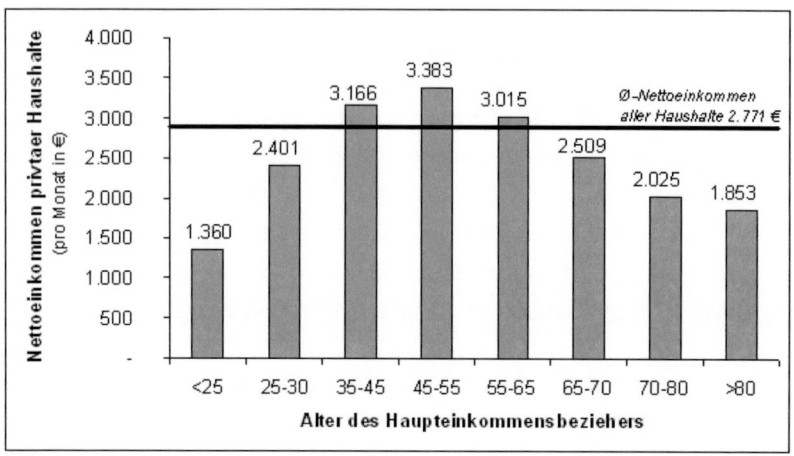

Abb. 5: Altersspezifische Verteilung des Nettoeinkommens 2003[41]

Die folgenden Ausführungen zur finanziellen Situation reiferer Menschen sollten auch unter der Maßgabe betrachtet werden, dass heute viele wohlhabende Senioren von einer dynamischen Rentenanpassung sowie dem Ausbleiben großer Störungen beim Vermögensaufbau profitiert haben. In Hinblick auf die Unsicherheiten der zukünftigen Renten sollte man meinen, dass sich der Anteil dieser verringern könnte. Man kann zudem davon ausgehen, dass mit Eintritt in den Ruhestand den Best Agern nach heutigen Rentenbezügen nur noch 60% ihres Nettoeinkommens zur Verfügung stehen. Hierbei darf jedoch nicht vergessen werden, dass die Generation, die in den nächsten Jahren in die Rente nachrückt, nicht nur überdurchschnittlich hohes Nettoeinkommen hat, sondern auch Vermögen besitzt. Dies ist u.a. in der Tatsache begründet, dass wir seit fast 100 Jahren eine Erbengeneration haben. Ausgeglichen wird dieser Verlust jedoch auch durch Auszahlung von Lebensversicherungen, sonstigen privaten Vorsorgen, Betriebsrenten, Einkünften aus Kapitalanlagen etc.[42]

---

[41] Quelle: Statistisches Bundesamt (2004): Einnahmen und Ausgaben privater Haushalte.
   Einkommens- und Verbrauchsstichprobe 2003, S. 29
[42] Vgl.: Krieb/Reidl, 2001, S. 40

Somit kann davon ausgegangen werden, dass die zukünftigen „Senioren" eine noch günstigere Einkommenssituation haben werden als die jetzigen.

Aus diesem finanziellen Blickwinkel betrachtet und anhand der o.g. Merkmale, die eine positive Konsumeinstellung theoretisch begünstigen müssten, kann man die Bedeutung der Zielgruppe für das Marketing vermutlich nicht absprechen. Exemplarisch und als interessant zu nennen wäre hier das Einkommen der Zielgruppe ab 55-65 Jahren.

5.1.2 Abgrenzung anhand des chronologischen Alters

Um ältere Menschen in Kategorien einzuordnen, gibt es mehrere Möglichkeiten. Eine davon ist die Abgrenzung mit Hilfe des chronologischen Alters, d.h. die einfache Zählung der Lebensjahre und das Festsetzen einer genauen Altersgrenze zur Unterscheidung der Zielgruppe. Obwohl sich in einer Altersgruppe viele unterschiedliche Menschen befinden, mit unterschiedlichen Einstellungen, Lebensstilen und Verhaltensweisen, wird die Trennung nach Altersklassen oft als Basis für eine Marktsegmentierung genommen. Denn trotz der großen Unterschiede gibt es verbindende charakteristische Merkmale, von denen man annimmt, dass sie eine sachliche Abgrenzung theoretisch zulassen. Dies schließt das Vorhersagen über die Wahrscheinlichkeit des Auftretens von physiologischen, psychologischen sowie sozialen Charakteristika ein. Man geht z.B. davon aus, dass typische Eigenschaften, die mit der entsprechenden Zielgruppe verbunden sind, eine Veränderung im Kaufverhalten mit zunehmendem Alter bewirken und somit eine Segmentierung dieser Zielgruppe rechtfertigen.[43] Ein weiterer Vorteil der Abgrenzung nach dem Alter liegt darin, dass Daten über Bevölkerungsgruppen in statistische Analysen fast immer nach dem Alter unterteilt vorliegen. Es ergeben sich somit kaum Messprobleme und eine hohe Operationalität ist gewährleistet.

Wie aber bereits in Kapitel 2.2 erläutert, variiert die Meinung in der Literatur stark darüber, ab welchem Alter ein Mensch als „Best Ager" bezeichnet werden kann. Als weitere Schwierigkeit kommt hinzu, dass das tatsächliche biologische Alter und der äußerliche Alterungsprozess sowie die eigene Haltung zum Alter (siehe Abb. 6) stark auseinander gehen. Die Äußerung eines 60-Jährigen: „Ich fühl mich wie 50!" stellt

---

[43] Vgl.: Kölzer, 1995, S. 26

keine Seltenheit dar. Auch resultierend aus einer höheren Lebenserwartung, der überproportionalen Zunahme Hochaltriger, der früheren Entberuflichung und der zunehmend frühen Beendigung der Kindererziehung hat sich die Phase, die einst traditionell dem Alter zugerechnet wurde, verlängert.[44] Es lässt sich daher festhalten, dass eine allgemeingültige Aussage, ab wann ein Mensch generell als alt gilt, sehr schwer zu treffen ist. Der praktische Wert einer solch strikten Einteilung nach Lebensalter ist also zu bezweifeln.[45] Differenzierung kann somit nicht nur durch Abgrenzung nach kalendarischem Alter bzw. Eintritt in den Ruhestand erfolgen. Kommunikationsmaßnahmen zielen auf die Steuerung des Verhaltens ab. Eine Korrelation zwischen Verhalten und Alter ist zwar, wie bereits erwähnt, wissenschaftlich in vielen Fällen nicht von der Hand zu weisen, jedoch zählen Verhaltensstrukturen wie z.B. das Kaufverhalten zu denjenigen, die nicht unbedingt auf das Lebensalter zurückzuführen sind. Denn das reine Lebensalter sagt wenig über Lebensweise, Einstellungen und Verhaltensweisen von Menschen aus. Bei dem Prozess des Älterwerdens scheinen so viele Einflüsse eine Rolle zu spielen, dass alleine die Dimension des chronologischen Alters nicht genügen kann, um eine Klassifizierung vorzunehmen.

---

[44] Vgl.: Gaube, 1995, S. 23f
[45] Vgl.: Meyer-Hentschel, 2004, S. 12

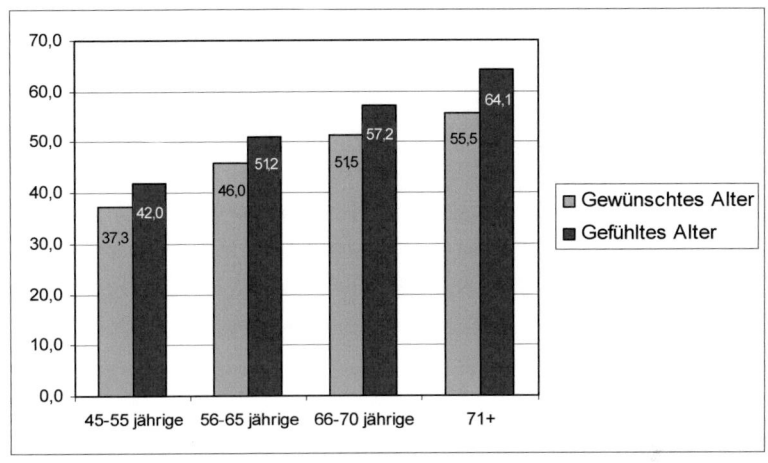

Abb. 6: Darstellung des gewünschten und gefühlten Alters von Best Agern[46]

Auch die Theorie des Konsumentenverhaltens kann sich mit soziodemographischen Segmentierungskriterien als Indikator allein nicht zufrieden geben, solange diese Merkmale nicht als Indikatoren für theoretische Konstrukte in Betracht kommen, z.b. der Beruf als Indikator für ein Persönlichkeitsmerkmal oder aber das Alter als Indikator für Reife. Verhaltenstheoretisch ist es daher sinnvoll anzunehmen, dass Konsumentenverhalten eher auf Einstellungs- und Wertunterschiede zurückgeht als auf biogene Unterschiede.[47] Ausgehend von dieser Hypothese müsste demnach weniger das chronologische Alter als vielmehr das subjektiv empfundene Alter im Mittelpunkt der Abgrenzungen stehen.

Soziodemographische Kriterien sollten grundsätzlich nur dann genutzt werden, wenn sie tatsächlich, z.B. das Geschlecht, das Alter oder auch die Lebenssituation, ursächlich für Verschiedenheiten sind und nicht nur weil sie als eine Größe dienen, die leicht zugänglich ist. Wie in den o.g. Ausführungen festgestellt werden konnte, gibt es keine allgemeingültige kalendarische Abgrenzung des Typus „Best Ager". Es sind deshalb weitere Kriterien und Abgrenzungen notwendig, um beurteilen zu

---

[46] Quelle: TNS Emnid Studie „Die freie Generation 2006" durchgeführt für KarstadtQuelle Versicherungen mit 1000 Probanden; www.karstadtquelle-versicherungen.de/downloads/studie45plus/freie_generation.pdf; S. 11 Stand: 26.10.2006
[47] Vgl.: Trommsdorf, 2002, S. 211

können, ob sich separate Marketingstrategien für eine Zielgruppe ab 50 Jahren lohnen oder nicht.

5.2 Abgrenzung anhand ausgewählter Einflussfaktoren auf den Alterungsprozess

Individuelle Erfahrungen und Erlebnisse, die jedes Individuum im Laufe seines Lebens durchlaufen hat, bilden den Kontext, unter dem sich biologische, psychologische und soziokulturelle Kräfte manifestieren. Sie erklären demnach die Heterogenität des menschlichen Alterungsprozesses und stellen so die Individualität eines jeden Menschen, mit anderen Menschen und Ereignissen umzugehen, heraus.[48] Deshalb erscheint es im Rahmen dieser Studie sinnvoll, die Prozesse der „Reifung" separat für die Wissenschaften der Biologie, Psychologie und Soziologie aufzuzeigen.

5.2.1 Abgrenzung anhand biologischer Kriterien

Beim biologischen (physiologischen) Ansatz stehen Fakten des menschlichen Körpers im Fokus. Untersucht werden in diesem Zusammenhang die Arbeitsweise und Leistungsfähigkeit des zentralen Nervensystems.[49] In Bezug auf ältere und reifere Menschen ist hier explizit das Nachlassen bzw. der Verlust bestimmter biologischer Merkmale zu nennen.[50] Das Alter bringt nicht nur Veränderungen der kognitiven sondern auch der körperlichen Fähigkeiten mit sich. Ab 24 Jahren altert der Mensch und seine Leistungsfähigkeit lässt nach.[51] Bemerkt wird dies von den wenigsten. Am ehesten sind beim Thema „Altern" äußerliche Veränderungen zu beobachten, die Haare werden grau, das Hautbild verändert sich. Es wird davon ausgegangen, wenn auch ungleich stark, dass mit 40 Jahren die ersten großen Veränderungen auftreten.[52] Dennoch ist es der Wissenschaft bis heute nicht gelungen, Aussagen zu treffen, ab welchem konkreten Alter eine nachhaltige Veränderung innerhalb des Immunsystems durchschnittlich eintritt.[53] Sicherlich ist anzunehmen, dass es sich beim „Altern" nicht ausnahmslos um einen biologischen Funktionsverlust handelt. Die Wahrscheinlichkeit für Veränderungen ist aber höher als in jüngeren Lebensjahren.

---

[48] Vgl.: Hupp, 2000, S. 13
[49] Vgl.: Foscht/Swoboda, 2004, S. 23
[50] Vgl.: Hupp, 2000, S. 14
[51] Vgl.: Krieb/Reidl, 2001, S. 61
[52] Vgl.: Krieb/Reidl, 2001, S. 61
[53] Vgl. Hupp, 2000, S. 15

Es sollte zudem darauf hingewiesen werden, dass die Wahrnehmung und der Beginn des biologischen Abbaus sehr subjektiv empfunden wird. Körperliche Veränderungen entstehen ganz individuell und dürfen somit nicht als absolute Größe gesehen werden.[54] Die Einschätzung, ob man sich für „gesund" oder „krank" hält, hängt stark von der Wahrnehmung des eigenen Körpers ab und nicht von direkt messbaren Werten.[55] Dies erschwert die objektive Messung biologischer Alterungsprozesse erheblich.

Man könnte jedoch annehmen, dass alterungsbedingte Veränderungen des Körpers und der Sinnesorgane, wie Entwicklungen des Seh-, Hör-, Riech- und Tastsinns, zu einer möglichen Anpassung des Kaufverhaltens bei älteren Menschen führen werden. Die Beeinträchtigung der Funktionstüchtigkeit der Sinnesorgane gilt als ein sehr markantes Merkmal des Alterungsprozesses. Basierend darauf ist davon auszugehen, dass jeder ältere Mensch, wenn auch zu unterschiedlichen Zeitpunkten, in irgendeiner Form betroffen ist. Besonders der Seh- und Hörsinn sind hier zu nennen. Nahezu jeder Mensch im Alter leidet z.B. unter einer Beeinträchtigung des Sehvermögens.[56] Jedoch können altersbedingte Veränderungen des visuellen Systems in ersten Zügen schon ab einem Alter von 20 Jahren auftreten. Ab diesem Alter nimmt die Größe der Pupille ständig ab, wodurch das Sehvermögen in dunklen Räumen beeinträchtigt wird. Ab dem 40. Lebensjahr macht sich bei vielen Menschen dieser Prozess erstmalig bemerkbar.[57] Auch das Hörvermögen erfährt bei normalem Verlauf ab dem 25. Lebensjahr Beeinträchtigungen. Diese beziehen sich jedoch eher auf störend empfundene Lärmbelästigungen der Umwelt, die schon ab diesem Zeitpunkt als extremer wahrgenommen werden.[58]

Diese Einschränkungen können jedoch neben den Best Agern auch andere Personen- oder auch Altersgruppen betreffen. Sehbehindert ist zweifellos jeder Mensch mit einer Kurzsichtigkeit und jeder Weitsichtige ohne seine Lesebrille. Trotz dieser Feststellung kann der Fakt, dass die biologischen Fähigkeiten gegenüber den jüngeren Zielgruppen im Durchschnitt betrachtet eingeschränkter sind, nicht geleugnet werden. Segmentierungsmöglichkeiten erscheinen nach biologischen Kriterien somit zweifellos nicht abwegig. Die Schwierigkeit liegt jedoch einmal mehr in

---

[54] Vgl.: Hölper, 2002, S. 24
[55] Vgl.: Gassmann/Reepmeyer, 2006, S. 42
[56] Vgl.: Hupp, 2000, S. 20
[57] Vgl.: Meyer-Hentschel, 2004, S. 25
[58] Vgl.: Hupp, 2000, S. 22

der Tatsache, dass es sich um Individuen handelt, die keinem allgemeingültigen Alterungsprozess unterliegen. Vielmehr treten bei jedem Einzelnen unterschiedliche altersbedingte Schwächen auf. Erschwert wird dies noch durch die unterschiedlichen Zeitpunkte, zu denen sich Veränderungen bemerkbar machen.

Obwohl die biologische Seite bisher die besten Chancen für eine Segmentierung bietet, sollte man von ihr als alleinigem Segmentierungsmerkmal absehen. In Verbindung mit weiteren Kriterien, die es zu prüfen gilt, kann sie jedoch durchaus Erfolg versprechend sein.

5.2.2 Abgrenzung anhand psychologischer Kriterien

Die Psychologie zielt bei der Beschreibung des Älterwerdens auf mögliche Veränderungen in der emotionalen Befindlichkeit, der kognitiven Leistungsfähigkeit (Gedächtnisprozesse und Intelligenz) oder der Persönlichkeit im Allgemeinen ab. Anders als in der Biologie wird Altern in der Psychologie nicht gleichzeitig mit „Verfall" gleichgesetzt. Psychologische Forschungen haben sogar ergeben, dass über die gesamte Lebensspanne Alterung auch Aspekte der Weiterentwicklung beinhaltet. Alterung kann demzufolge auch mit einem Wachstum im Sinne einer Reifung verbunden sein.[59]

Zu den psychologischen Merkmalen kann man im Allgemeinen die geistige Beweglichkeit, die Geschwindigkeit der Informationsaufnahme und -verarbeitung, die Änderung der Verhaltensgeschwindigkeit, die Fähigkeit zur Lösung komplexer Probleme, die Lernfähigkeit, das Gedächtnis, die Risikobereitschaft, die Einstellung, die Emotion und die Motivation sowie die Werteorientierung zählen.[60] Diese Gebiete tragen erheblich zur Grundlage der Theorie des Konsumentenverhaltens bei.[61]

Besonders das Klischee von der abnehmenden intellektuellen Leistungsfähigkeit mit zunehmendem Lebensalter gehört zu den häufigsten Vorurteilen über altersbedingte Veränderungen. Alter wird von jüngeren Menschen häufig auch mit Alzheimer gleichgesetzt. Dabei werden erst Menschen in besonders hohen und sehr hohen Alter mit diesem Problem konfrontiert. In den Jahren bis zum 80. Geburtstag spielen

---

[59] Vgl.: Hupp, 2000, S. 23f
[60] Vgl.: Hupp, 2000, S.25-53 sowie Meyer-Hentschel, 2004, S. 24
[61] Vgl.: Trommsdorff, 2002, S. 20

Demenzerkrankungen nur bei 5% der Menschen eine Rolle.[62] Intelligenzmodelle beweisen zwar, dass die fluide Intelligenz (gemessen durch die Lösung handlungsorientierter, tempogebundener Aufgaben) ab dem 20. Lebensjahr sukzessive abnimmt, man jedoch im Gegenzug herausgefunden hat, dass die kristalline Intelligenz (gemessen anhand der Lösung erfahrungsabhängiger Aufgaben) eine Leistungssteigerung bis Mitte 30 erfährt, um sich danach bis ins hohe Alter zu stabilisieren.[63] Um einen Überblick zu bekommen, ob das Alter eine abhängige oder unabhängige Größe für psychologische Vorgänge ist, wird auf einige ausgewählte Merkmale der Zielgruppe „Best Ager" betreffend eingegangen.

5.2.2.1 Lernen und Gedächtnis

Wichtige Prozesse oder Zustände im Zusammenhang mit der Informationsspeicherung sind Denken, Wissen, Lernen und Gedächtnis. Diese hängen eng miteinander zusammen. So spielt bspw. das vorhandene Wissen eine Schlüsselrolle für das Lernen, da das Lernen von neuem Wissen (bzgl. Produkten, Marken oder auch Leistungen) nur möglich ist, wenn es zu dem bereits gespeicherten Wissen in Beziehung gebracht wird.[64] Der Begriff *Lernen* wird fälschlicherweise oftmals nur mit dem Lernen in der Schule verglichen. Unter Lernen versteht man jedoch nicht nur das Erwerben, sondern auch das Ändern von Verhalten und von bereits gespeicherten Zuständen. Man geht davon aus, dass tatsächlich in jeder Situation etwas gelernt wird.[65] Somit stellt das Lernen einen alltäglichen Prozess dar, den die Menschen in den seltensten Fällen bewusst wahrnehmen.

Es stellt sich dennoch die Frage, ob der Alterungsprozess eine relevante, vielleicht sogar entscheidende Größe im Lernprozess darstellt oder ob man vielmehr sagen sollte, dass Lern- und Bildungsprozesse den Alterungsprozess positiv oder auch negativ beeinflussen können. Der amerikanische Intelligenzforscher Schaie erklärte dazu schon 1984 knapp und präzise, dass ein intellektueller Altersabbau empirisch nicht zu belegen wäre.[66] Noch heute gibt es dazu unterschiedliche Ansichten und Meinungen, obwohl zum aktuellen Zeitpunkt neue Studien existieren. Denn wie bereits oben erwähnt, haben psychologische Forschungen herausgefunden, dass die

---

[62] Vgl.: Meyer-Hentschel, 2004, S. 23
[63] Vgl.: Höpflinger/Stuckelberger, 1999, S. 225 sowie Prof. Kruse in v. Rothkirch, 2000, S. 72
[64] Vgl.: Foscht/Swoboda, 2004, S. 99
[65] Vgl.: Trommsdorff, 2002, S. 250
[66] Vgl.: Hupp, 2000, S. 44

kognitive Leistungsfähigkeit im Alter differenziert betrachtet werden sollte. Die Leistungsfähigkeit der fluiden Intelligenz geht zurück und mit ihr die Geschwindigkeit der Informationsverarbeitung, der Wendigkeit und der Kombinationsfähigkeit.[67] Das hat zur Folge, dass Botschaften schlechter aufgenommen oder abstrahiert werden können. Die kristalline Intelligenz aber, welche für die kognitive Leistungsfähigkeit im höheren Alter besonders wichtig ist, bleibt erhalten. Darunter fallen Fähigkeiten wie das Allgemeinwissen, Erfahrungswissen, Wortschatz und Sprachverständnis sowie die Fähigkeit zu urteilen oder Strategien zur Problemlösung einzusetzen.[68] Diese Eigenschaften nehmen weiterhin zu in Abhängigkeit von der intellektuellen und gesellschaftlichen Kulturaneignung. Sie können jedoch abnehmen, wenn der Grad an Umweltanregung den Grad des neurologischen Abbaus unterschreitet.[69] Als Umweltanregungen können hierbei intelligentes Verhalten, emotionale Stärke, Umgang und Bewältigung von Krisen und Lebensereignissen, soziale Ressourcen und Netzwerke, die Fähigkeit zur Stressbewältigung, sexuelle Aktivität und berufliche Zufriedenheit sowie der allgemeine Gesundheitszustand genannt werden.[70]

Es gilt also: Je öfter die oben genannten Fertigkeiten von reiferen Menschen in Anspruch genommen werden, je höher der Bildungsgrad und die Bereitschaft, weiterhin zu lernen, sich neues Wissen anzueignen und mit bereits vorhandenem Wissen umzugehen, umso größer ist die „Intelligenz" auch mit zunehmendem Alter ausgeprägt.[71] Abgesehen davon wird grundsätzlich davon ausgegangen, dass bestimmte Eigenschaften mit zunehmendem Alter reifen und wesentlich ausgebildeter sind als bei vielen jüngeren Menschen. Dazu zählen Stärken wie

- Gesprächsfähigkeit
- Selbständigkeit
- Genauigkeit
- Verantwortungsbewusstsein
- Zuverlässigkeit und Beständigkeit
- Menschliche Reife

---

[67] Vgl.: Gaube, 1995, S. 27
[68] Vgl.: Krieb/Reidl, 2001, S. 69 sowie Hupp, 2000, S. 42
[69] Vgl.: Kruse in Rothkirch v., 2000, S. 72f
[70] Vgl.: Hupp, 2000, S. 43
[71] Vgl.: Gaube, 1995, S. 27

- Urteilsvermögen

- Sicherheitsbewusstsein.[72]

Bestimmte negative Aspekte des Alterns können so teilweise kompensiert werden und lassen den menschlichen Reifeprozess noch wertvoller erscheinen. Denn im Gegensatz zu jüngeren Menschen kann der reifere Konsument zusätzlich auf einen reichen Erfahrungsschatz und automatisierte Routinen im Entscheidungs- und Informationsverhalten zurückgreifen.

5.2.2.2 Einstellungen

In der gängigen Literatur über Konsumentenverhalten wird die *Einstellung* als die wahrgenommene Eignung eines Gegenstandes zur Befriedigung von Motiven und somit als die Schlüsselvariable zur Erklärung und Prognose des Konsumentenverhaltens bezeichnet. Sie gilt als eine wesentliche Variable zur Begründung des Käuferverhaltens und zählt zu den Antriebskräften menschlichen Verhaltens.[73] Des Weiteren wird *Einstellung* definiert als Zustand einer gelernten und relativ dauerhaften Bereitschaft, in einer entsprechenden Situation gegenüber dem betreffenden Objekt regelmäßig mehr oder weniger stark positiv bzw. negativ zu reagieren. Einstellungen erbt man nicht, sondern erlernt sie in der Regel unbewusst.[74] Einstellungen entstehen durch Lernprozesse, das heißt, das Individuum entwickelt auf Grund unmittelbarer oder mittelbarer Erfahrungen mit einem Objekt Überzeugungen, Vorurteile oder Meinungen.[75] Dem Konstrukt der *Einstellung* kommt im Rahmen der psychographischen Marktsegmentierung eine übergeordnete Rolle zu, da Einstellungen sowohl isoliert betrachtet werden, aber auch in weitere psychographische Segmentierungsansätze einfließen können.[76] Da im Rahmen der Studie erläutert werden soll, welche bestimmten Merkmale die Best Ager deutlich von anderen Zielgruppen unterscheidet, werden in diesem Kapitel Einstellungen als psychologisches Persönlichkeitsmerkmal separat beleuchtet, um evtl. Hinweise auf eine Differenzierung zu erhalten.

---

[72] Vgl.: Meyer-Hentschel, 2004, S.24
[73] Vgl.: Foscht/Swoboda, 2004, S. 60
[74] Vgl.: Trommsdorff, 2002, S. 150 sowie Meffert, 1998, S. 113
[75] Vgl.: Meffert, 1998, S. 113
[76] Vgl.: Meffert,1998, S. 188

Zumindest die deutschsprachige Forschung zum Thema Best Ager-Marketing, wird von der Vorstellung beherrscht, dass Menschen ihre Produkteinstellung im frühen Erwachsenalter erwerben und dann bis ins hohe Alter stabilisieren. Das legt die Vermutung nahe, dass sich ältere Menschen noch stärker als jüngere Menschen den von ihnen bevorzugten Objekten zuwenden und die abgelehnten Objekte meiden werden. Somit würden reifere Menschen auf Dauer immer wieder die gleichen Produkte kaufen, immer wieder die gleichen Einkaufsstätten aufsuchen und stets auf die gleichen Informationsquellen zurückgreifen.[77] Das jedoch bereits gezeichnete Bild von der heutigen reifen Generation würde diesem Forschungsstand der 70er und 80er Jahre widersprechen. Neuere Hypothesen gehen sogar davon aus, dass sich nur solche Einstellungen stabilisieren, die auf einer starken, emotionalen Bindung zum Einstellungsobjekt beruhen (z.B. Religion, Familie, Liebe, Freiheit, Demokratie etc.). Ein beträchtlicher Teil der Einstellungen eines Menschen soll jedoch das Resultat von überlegten und rationalen Lernprozessen sein. Einstellungen auf der Grundlage von Erfahrungen und Informationen sollen somit auch noch im mittleren bzw. hohen Erwachsenenalter erworben, überdacht und verändert werden können.[78]

Bringen wir das Thema *Einstellungen* zusätzlich mit dem vorangegangen Thema *Lernen* in Zusammenhang, so erscheint diese Hypothese durchaus logisch. Wenn wir davon ausgehen, dass es möglich ist, bis ins hohe Alter hinein nur eine geringe Beeinträchtigung der kognitiven Fähigkeiten zu erfahren und wir in der Lage sind, den Lernprozess auch im höheren Alter voranzutreiben, warum sollte dann nicht auch die Möglichkeit bestehen, Einstellungen auch noch im reifen Alter zu überdenken und gegebenenfalls zu relativieren? Es sollte dabei auch nicht vergessen werden, dass wir in Zeiten schnelllebiger Produktlebenszyklen zwischen einer immer größer werdenden Zahl von Alternativen entscheiden müssen und diese Alternativen sich auf Grund der veränderten Marktbedingungen sehr ähnlich sind. Der Konsument ist also deutlich in der Position, zu mehreren dieser Alternativen eine ähnliche Einstellung zu haben, zumal davon ausgegangen werden muss, dass sich auch der Einzigartigkeitseffekt auf Grund der Gleichartigkeit von Produkten schwer herauskristallisieren lässt.

---

[77] Vgl.: Hupp, 2000, S. 88
[78] Vgl.: Hupp, 2000, S. 88

Kritisch anzumerken ist jedoch auch, dass die Wahrscheinlichkeit vermutlich dennoch größer ist, dass ein 20-jähriger Konsument feinfühliger auf Beeinflussungen z.B. in Bezug auf die zu treffende Kaufentscheidung reagieren wird als es ein 50-jähriger Konsument erwarten lässt. Dies ist jedoch auch keine allgemeingültige Aussage, sondern vielmehr eine Annahme begründet in der Vermutung, dass Probierfreude und Risikobereitschaft bei jüngeren Menschen anscheinend noch mehr ausgeprägt sind. Dies basiert jedoch lediglich auf Schätzungen und Erfahrungen und nicht auf bewiesenen Untersuchungsergebnissen.

Zusammenfassend lässt sich deshalb sagen, dass in der Forschung zum Best Ager-Marketing noch deutliche Defizite und Unstimmigkeiten hinsichtlich der Erklärungskraft zum Thema Einstellungen existieren. Für keine der genannten Theorien oder Hypothesen gibt es eine 100%ige Gültigkeit und auch bereits getätigte Untersuchungen können nicht ausschließlich beweisen, dass ältere Konsumenten z.B. auf Basis einer Stabilisierung der Einstellung möglicherweise markentreuer sind als jüngere. Im Umkehrschluss ist jedoch auch nicht bewiesen, dass es sich andersherum verhält. In Zeiten zunehmender Austauschbarkeit von Produkten, in denen nicht mehr nur die objektiven Produkteigenschaften, sondern auch und ganz besonders die gefühlsmäßige Wahrnehmung einer Marke deren Erfolg determiniert, ist es wohl nicht von der Hand zu weisen, dass auch reifere Konsumenten Einstellungen überdenken und resultierend daraus ihr Kaufverhalten anpassen.[79]

5.2.2.3 Motive und Bedürfnisse

Die Motiv- und Bedürfnisforschung geht auf die Frage zurück, warum sich verschiedene Konsumenten in derselben Situation oft so verschieden verhalten. Seit über 50 Jahren geht die Konsumforschung dieser Frage schon nach und bis dato wurde darauf keine einheitliche Antwort gefunden.[80] Auch stellt sich in diesem Zusammenhang die Frage, ob Menschen im fortgeschrittenen Erwachsenenalter andere Motive (Bedürfnisse) haben als jüngere Konsumenten. In der Literatur scheint diese Meinung weitestgehend vertreten zu sein, denn nicht umsonst wird auf separate Marketingstrategien und Produkte, die nur das Best Ager- Segment bedienen, gedrängt. Denn damit Produkte und Dienstleistungen überhaupt eine Chance auf dem Absatzmarkt haben, müssen diese eine hohe Kompatibilität zu den Bedürfnis-

---

[79] Vgl.: Hupp, 2000, S. 92
[80] Vgl.: Trommsdorff, 2002, S. 113

sen der Marktteilnehmer aufweisen.[81] Unter einem Bedürfnis wird ein Gefühl des Mangels verstanden, verbunden mit dem Bestreben dieses zu beseitigen. Der Begriff Bedürfnis wird gleichbedeutend mit dem Begriff Motiv verstanden.[82] Nach der Auffassung Trommsdorffs sind Motive zielgerichtete, gefühlsmäßig und kognitiv gesteuerte Antriebe des Konsumentenverhaltens.[83] Meffert fügt dem hinzu, dass Motive den Konsumenten erst mit Energie versorgen und sein Verhalten auf ein Ziel ausrichten.[84]

Die zentralen Fragen, die sich bei der Untersuchung der Motive/Bedürfnisse älterer Menschen stellen, sind zum einen, ob mit zunehmenden Alter tatsächlich zusätzliche Bedürfnisse entstehen oder ob sich die konsumrelevanten Bedürfnisse des Menschen bedingt durch die veränderte Lebenssituation zurückentwickeln. Zum anderen ist darüber nachzudenken, ob sich in der Dringlichkeit der Bedürfniserfüllung Veränderungen einstellen, also ob bestimmte Bedürfnisse an Gewicht gewinnen.[85] In der gängigen Literatur werden zur Beantwortung dieser Fragen drei Theorien zu Rate gezogen:

- Die *Theorie des expansiven Bedürfnisideals* geht davon aus, dass mehr Konsum im Alter eine Kompensationsfunktion erfüllt, die aus den entstandenen Verlusten von Rollen und Aufgaben resultiert.

- Die *Theorie des restriktiven Bedürfnisideals* merkt an, dass sich der Konsum mit zunehmendem Alter auf Grund der Gesundheitssituation, der negativen Einstellungen zum Konsum sowie des sinkenden Einkommens stark reduzieren wird.

- Die *Theorie der Beibehaltung* des Konsumstandards besagt, dass die Konsumbedürfnisse ab Beginn des mittleren Lebensalters auf Grund eines sich stabilisierenden Lebensstils konstant bleiben werden. Veränderungen beschränken sich nur auf die Aktualität einzelner Bedürfnisse.[86]

Leider ist es bis dato nicht gelungen, eine einheitliche Meinung über die Richtigkeit hinsichtlich einer dieser Theorien zu bilden, da empirische Studien zu den drei

---

[81] Vgl.: Hupp, 2000, S. 71
[82] Vgl.: Kölzer, 1995, S. 146
[83] Vgl.: Trommsdorff, 2002, S. 114
[84] Vgl.: Meffert, 1998, S. 112 sowie Homburg/Krohmer, 2003, S. 34
[85] Vgl.: Hupp, 2000, S. 74
[86] Vgl.: Hupp, 2000, S. 75 sowie Kölzer, 1995, S. 148-150

konkurrierenden Ansätze noch ausstehen. Vielmehr kann aber davon ausgegangen werden, dass auf Grund der verschiedenen Menschen im Best Ager-Segment auch jede der drei Theorien seine Gültigkeit findet. Die Theorie des expansiven Bedürfnisideals scheint vor allem auf die Gruppe der Best Ager zuzutreffen, die noch vergleichsweise jung ist, über ein relativ hohes Einkommen verfügt und einen aktiven Lebensstil vorweist. Die restriktive Bedürfnistheorie trifft im Gegensatz eher für wirklich hochaltrige Senioren zu, die bereits unter starken gesundheitlichen Beeinträchtigungen zu leiden haben und deren Renten einen ausgeprägten Konsumstil einfach nicht zulassen würden.[87]

Hinsichtlich der Theorie zur Beibehaltung des Konsumstandards deuten neuere Kenntnisse darauf hin, dass sie für ein breites Spektrum der reiferen Zielgruppe aussagekräftig sein könnte. Untersuchungen dazu haben ergeben, dass ein beträchtlicher Anteil des veränderten Ausgabeverhaltens nicht auf alterungsbedingte Bedürfnisveränderungen zurückzuführen ist, sondern eher auf eine Folge des Zeitalters, in dem Konsumenten geboren wurden, oder aus einer Folge des Erlebens von Veränderungen der Umwelt resultieren.[88] Auch die Vermutung, dass sich die jüngeren Alten (ca. 50+) und die älteren Alten (ca. 70+) in ihren konsumrelevanten Bedürfnissen voneinander unterscheiden, jedoch die jüngeren Alten wesentlich länger mit den jüngeren Zielgruppen in Bedürfnissen und Konsumverhalten ähneln, wird in einer Untersuchung der Allensbacher Werbeträger Analysen (AWA) mit 15.000 Befragten durch Kölzer (1995) bestätigt. Zwar konnte bei einzelnen Produkten ein Rückgang einzelner Konsumbedürfnisse festgestellt werden, das Bedürfnisniveau bleibt jedoch in den verschiedenen Altersgruppen weitestgehend stabil und unterliegt bis in das hohe Alter hinein keinen markanten Veränderungen.[89] Zu kritisieren ist allerdings, dass bei dieser Studie nicht explizit die Bedürfnisse des Menschen analysiert wurden, sondern deren Ausgabeverhalten. Daraus wurden dann das Konsumverhalten betreffende Rückschlüsse gezogen. Somit liegen auch hier nur spekulative Daten hinsichtlich der Veränderung der Konsumbedürfnisse vor. Hinsichtlich der Analysen, die auf den faktischen Bedürfnissen des Best Ager-Segments fußen, liegt bis dato ein zentrales Defizit vor.

---

[87] Vgl.: Kölzer, 1995, S. 151
[88] Vgl.: Hupp, 2000, S. 76
[89] Vgl.: Kölzer, 1995, S. 284

Die existierenden Veröffentlichungen beruhen lediglich auf Annahmen, zumeist in der Form, dass sich Motive auf Grund des Alterungsprozesses verändern. In diesem Fall wird unterstellt, dass das Auftreten von Alterserscheinungen bestimmte neue Bedürfnisse hervorruft, die sich in Form

- eines abgesicherten Lebensabends,
- des Wunsches nach sozialen Kontakten,
- des Bestrebens, sich für die Anstrengungen des Arbeitslebens zu entschädigen
- sowie des Wunsches nach Bequemlichkeit und Komfort in der Lebensführung ausdrücken.[90]

Diese allgemeinen Wünsche kann man nach Maslows Bedürfnispyramide (siehe Abb. 7) in zwei Gruppen von Motiven klassifizieren. Während sich die ersten drei Bedürfnisse als Defizitärbedürfnisse darstellen, ist das zuletzt genannte Bedürfnis auf höhere Motive (Wachstumsbedürfnisse) zurückzuführen. Nach Maslows idealtypischer Auffassung, können höhere Bedürfnisse erst dann erreicht werden, wenn die darunter liegenden Bedürfnisse befriedigt sind.[91]

---

[90] Vgl.: Hupp, 2000, S. 77f
[91] Vgl.: Meffert, 1998, S. 113

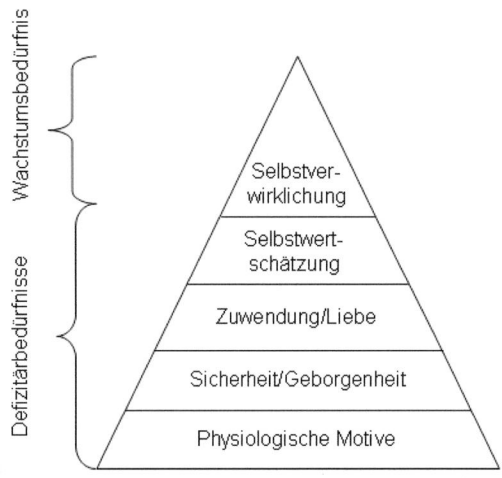

Abb. 7: Maslows "Bedürfnispyramide"[92]

Daraus lässt sich nach Hupp folgern, dass der Seniorenmarkt wohl keinen homogenen Gesamtmarkt darstellt, sondern auf Grund der vorherrschenden Bedürfnisse in mehrere Teilsegmente zerfällt: in jene, die durch Defizitärbedürfnisse geprägt sind, und solche, deren Verhalten durch Wachstumsbedürfnisse bestimmt ist.[93] Dies bestätigt auch die Vermutung, dass neue Bedürfnisse nicht altersbedingt entstehen, sondern, letztendlich wie in allen Zielgruppen, sich lediglich innerhalb des Best Ager-Segments voneinander unterscheiden.

5.2.2.4 Werteorientierung

Der Begriff *Werte* kommt in verschiedenen Wissenschaften vor und wird deshalb in unterschiedlicher Bedeutung verwendet. Da diese Studie jedoch einen Überblick über das Konsumentenverhalten geben soll, genügt die folgende Definition: Ein *Wert* ist ein konsistentes System von Einstellungen mit normativer Verbindlichkeit. Entsprechend der Definition von Einstellungen ist ein Wert der Zustand der Bereitschaft, sich Einstellungsobjekten gegenüber konstant positiv oder negativ zu verhalten. Werte sind wesentlich durch die Zugehörigkeit zu einer sozialen Einheit (Kultur, Schicht, Familie) geprägt. Für das Marketing kein Problem, denn Marketing-

---

[92] Vgl.: Trommsdorff, 2002, S. 119 sowie Meffert, 1998, S. 113
[93] Vgl.: Hupp, 2000, S. 81

strategien werden in der Regel für Zielgruppen gemacht und nicht für individuelle Konsumenten.[94] Generell hat jede Generation ihre eigenen Werthaltungen. Man geht davon aus, dass einmal erworbene Werte auf lange Zeit relativ stabil sind, d.h. Änderungen des Wertesystems vollziehen sich nur allmählich und je älter die Menschen sind, desto größer ist auch ihre Wertekontinuität.[95]

Das Phänomen *Wertewandel* befasst sich mit der Verschiebung gesellschaftlich akzeptierter und gelebter Werte. Tendenziell konnte in der Vergangenheit ein deutlicher Wertewandelschub von den Pflicht- und Akzeptanzwerten hin zu den Selbstentfaltungswerten festgestellt werden. Allerdings darf der Wertewandelschub nicht falsch verstanden werden. Pflicht- und Akzeptanzwerte dürfen und werden nicht vollständig abgelöst. Lediglich die Selbstverwirklichung des Einzelnen nimmt an Bedeutung zu.[96] Ein Wertewandel in den einzelnen Gruppen erfolgt zudem meistens auf Grund vorherrschender Zeitereignisse, die erlebt wurden. Das waren u.a. der Zweite Weltkrieg, die Währungsreform, der Mauerbau und auch die 1968-er Studentenrevolte.[97]

---

[94] Vgl.: Trommsdorff, 2002, S. 180
[95] Vgl.: Gassmann/Reepmeyer, 2006, S. 36
[96] Vgl.: Hock/Bader, 2001, S. 12
[97] Vgl.: Hölper, 2002, S. 19 sowie Hock/Bader, 2001, S. 13

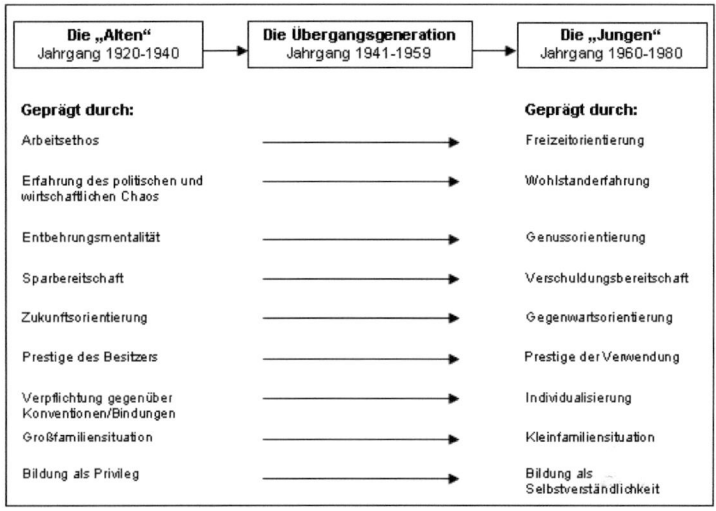

Abb. 8: Werthaltungen der verschiedenen Generationen im Vergleich[98]

Aus der Grafik sind die unterschiedlichen Werthaltungen der „Jüngeren" und „Älteren" klar ersichtlich. Der oben beschriebene Wertewandel von Pflichtbewusstsein zur persönlichen Selbstverwirklichung kristallisiert sich hier ganz besonders deutlich heraus. Als problematischer erweist sich jedoch die Abgrenzung der Werte der Übergangsgeneration. Diese werden auch als Babyboomer (geburtenstarke Jahrgänge direkt nach dem Krieg) bezeichnet und sind heute zwischen 46 und 66 Jahren alt. Sie haben sich stark für die Veränderung der konservativen Werte der Älteren eingesetzt. Es ist jedoch sehr schwierig, ihre konkreten Werthaltungen zu bestimmen. Man nimmt aber an, dass der Wunsch nach sozialer Integration und erlebter Produktivität innerhalb der Gesellschaft bei diesen noch relativ jungen Älteren stark ausgeprägt ist.[99]

Als allgemeingültig kann diese modellhafte Einteilung der Werte jedoch nicht gesehen werden, da diese durch Erfahrungen und Erlebnisse der Einzelnen wieder relativiert werden. Wie bereits erwähnt, erweist sich gerade die Zielgruppe der 46- bis 66-Jährigen bei der Zuordnung der Werte als Herausforderung. Hinsichtlich der Lebensgefühle und Wertvorstellungen nehmen sie eine Sonderrolle ein. Ihr

---

[98] Vgl.: Hock/Bader, 2001, S. 13
[99] Vgl.: Gassmann/Reepmeyer, 2006, S. 38

Lebensabschnitt steht für Umbruch, Abschied und Neuorientierung. Sie werden jedoch von den Marketingfachleuten besonders bevorzugt, da sie genau in der Mitte zwischen sehr jung und sehr alt liegen. In dieser Lebensphase geht man davon aus, dass die Zielgruppe in ihren Wertvorstellungen von Konsum und Medien den jüngeren Verbrauchern am ähnlichsten ist.[100] Da sich Werte auch im Einkaufsverhalten widerspiegeln, liegt hier die besondere Herausforderung für das Marketing. Es kann wohl davon ausgegangen werden, dass alle Menschen, die Mitte der 50er Jahre geboren sind, nicht mehr von Sparsamkeit, Konventionen und Krisen geprägt sind und Freizeit und Genuss eher dominieren.[101] Die genauen Wertekonstellationen dieser Zielgruppe können jedoch nur spekulativ abgehandelt werden.

5.2.2.5 Konsequenzen des Alterungsprozesses aus psychologischer Sicht

Die vorangegangenen Ausführungen geben einen Überblick über die Veränderungen des Menschen aus psychologischer Sicht. Auch wenn sich Studien bis dato auch in diesem Bereich nicht genügend einig sind, was die geistige Alterung des Menschen betrifft, so kann man doch davon ausgehen, dass auftretende Veränderungen erst bei wirklich hochaltrigen Menschen gravierend zum Tragen kommen und zu einer Beeinträchtigung des Alltags führen. Genau wie der biologische unterliegt auch der psychologische Alterungsprozess keinem festen Muster. Vielmehr ist auch dieser von individuellen Merkmalen gekennzeichnet, wie dem Gesundheitszustand und dem sozialen Umfeld. Demzufolge macht es wenig Sinn, die Entwicklung psychologischer Prozesse an das Alter zu binden.[102]

5.2.3 Abgrenzung anhand soziologischer Kriterien

Die Soziologie interessiert sich schwerpunktmäßig für das soziale Handeln von Individuen und die sozialen Strukturen, in denen soziales Handeln stattfindet.[103] Soziologische Ansätze suchen nach allgemeinen Strukturen des Lebens. Ihr Ziel liegt in der Untersuchung sozialer Auswirkungen biologischer Gegebenheiten und dem auseinandersetzen mit den sozialen Aspekten des Verhaltens. Dabei unterscheidet man zwischen Mikrosoziologie und Makrosoziologie. Während sich letztere mit größeren sozialen Gebilden wie Unternehmen und Parteien auseinandersetzt,

---

[100] Vgl.: Jankowski/Neundorfer, 2000, S. 110
[101] Vgl.: Hölper, 2002, S. 21
[102] Vgl.: Hupp, 2000, S. 53
[103] Vgl.: Hupp, 2000, S. 54

beschäftigt sich die Mikrosoziologie mit kleineren sozialen Einheiten wie z.B. Familien oder Gruppen.[104]

In den folgenden Ausführungen wird auf die wesentlichen Veränderungen in den sozialen Strukturen, die an den menschlichen Reifeprozess gebunden sind, eingegangen.

5.2.3.1 Der Familienlebenszyklus

Der soziale Alterungsprozess lässt sich im Wesentlichen durch drei gravierende Einschnitte in das nähere soziale Umfeld eines Menschen beschreiben. Dieses sind zum einen der Auszug der Kinder aus dem Elternhaus, die Aufgabe des Berufs und der Tod des Lebenspartners.[105] Aber auch die Veränderung der Wohnsituation und die Geburt von Enkelkindern kann als wichtiger sozialer Einfluss festgehalten werden. Diese Sichtweise findet sich auch in dem im Marketing und der Soziologie gleichermaßen bekannten Konzept des Familienlebenszyklus (siehe Abb. 9) wider. Dieser umfasst wichtige Abschnitte bzw. Lebensphasen, die die Mitglieder einer Familie zwischen der Geburt und dem Tod durchlaufen.

---

[104] Vgl.: Foscht/Swoboda, 2004, S. 24
[105] Vgl.: Hupp, 2000, S. 55-57

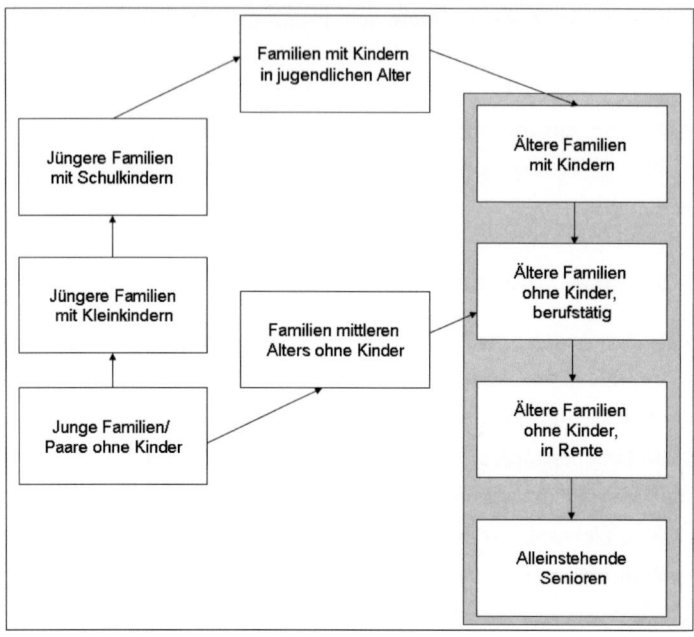

Abb. 9: Der Familienlebenszyklus[106]

Im Familienlebenszyklus werden mehrere soziodemographische Merkmale, die sich meistens auf Angaben über Familienstand, Alter, Haushaltsgröße, etc. beziehen, miteinander verknüpft und in einen interpretierten Zusammenhang gebracht. Auf diesem Wege ist es möglich, die wichtigsten Abschnitte einer durchschnittlichen Familie widerzuspiegeln.[107] Derartige Familienlebenszyklus-Konzepte werden jedoch in der wissenschaftlichen Forschung über Konsumentenverhalten seit längerem kontrovers diskutiert. Man geht davon aus, dass sie den modernen und stark veränderten Haushaltsstrukturen in der Zukunft kaum noch entsprechen können. So bleiben bspw. uneheliche Geburten, Scheidungen, Wiederverheiratungen und auch homosexuelle Verbindungen unberücksichtigt.[108] Abgesehen davon, kann man jedoch weitestgehend sagen, dass diese Konzepte ein größeres Bevölkerungssegment treffend abdecken.

---

[106] Vgl.: Hupp, 2000, S. 55
[107] Vgl.: Kölzer, 1995, S. 38
[108] Vgl.: Hupp, 2000, S. 55

5.2.3.2 Phasen des Alterungsprozesses

Der Beginn des Alterungsprozesses wird in der soziologischen Forschung an den Zeitpunkt des **Auszugs der Kinder** aus dem Elternhaus geknüpft. Viele Menschen setzen sich ab diesem Moment, der häufig innerhalb der vierten Lebensdekade liegt, erstmalig mit dem bevorstehenden Alterungsprozess auseinander, da dies oftmals zu Neuorientierung von Alltag und Lebensstil führt.[109]

Aus soziologischer Sicht stellt jedoch die **Aufgabe des Berufs** das bedeutendste Kriterium zur Abgrenzung sozialer Lebensphasen dar. Es wird sogar angenommen, dass die Pensionierung ein sehr geeignetes Merkmal zur Abgrenzung des Best Ager-Marktes darstellt, da sie leicht zu erfassen ist und man glaubt, dass sie entscheidende Auswirkungen auf das Kaufverhalten hat.[110] Aber auch hier zeigt sich, dass der Reifeprozess an kein konkretes chronologisches Alter geknüpft werden kann. Zwar wurde in den vergangenen Jahren, auf Grund der desolaten Situation auf dem Arbeitsmarkt, der Zeitpunkt des Ausscheidens aus dem Berufsleben immer weiter vorgezogen, z.B. durch Eintreten in den Vorruhestand.[111] Diese Tatsache wiederum erschwert die Situationsklärung, da es keinen allgemeingültigen Zeitpunkt für den Beginn des Rentendaseins gibt. Denn das chronologische Alter der entsprechenden Zielpersonen variiert extrem und es können bis zu zehn Jahre Altersunterschied dazwischen liegen. In der Marketingwissenschaft sind diese zehn Jahre jedoch nicht zu unterschätzen und verlangen teilweise nach einer differenzierten Ansprache der Zielgruppe. Dennoch spricht man von einer zunehmenden Bedeutung der soziologischen Abgrenzung von Konsumentengruppen u.a. auf Grund der sich daraus ergebenden Einkommensveränderung, der Änderung der Bezugsgruppe sowie dem daraus resultierenden beachtlichen Zeitzuwachs mit Eintritt in das Rentendasein.[112] Dies hat zur Folge, dass bereits bestehende Routinen des Alltagslebens angepasst und gegebenenfalls neu überdacht werden müssen. Im Vergleich zum Jahr 1960 vermutet man, dass sich die Zeit des Ruhestands um ca. zwei Drittel verlängert hat und man spricht deshalb auch von einer Entberuflichung des Alters.[113] In Bezug auf

---

[109] Vgl.: Hupp, 2000, S. 55
[110] Vgl.: Kölzer, 1995, S. 39
[111] Anm.: Das Vorruhestandsgesetz ist 1984 in Kraft getreten und ermöglicht Arbeitnehmern, die das 58. Lebensjahr vollendet haben ihre Erwerbstätigkeit zu beenden (Quelle: Bundesanstalt für Arbeit - Institut für Arbeitsmarkt- und Berufsforschung; http://doku.iab.de/chronik/31/1984_05_01_31_vorr.pdf) Stand: 06.12.2006
[112] Vgl.: Kölzer, 1995, S. 38
[113] Vgl.: Hupp, 2000, S. 56

das Konsumentenverhalten gehen einige wissenschaftliche Forschungen davon aus, dass die Pensionierung ein besonders geeignetes Kriterium zur Abgrenzung eines reiferen Marktes darstellt. Denn wie bereits erwähnt, kommt es in dieser Phase zu einer entscheidenden Lebensveränderung der betroffenen Personen. Sie verfügen über viel mehr Freizeit, aber prozentual gesehen auch über ein verringertes Einkommen. Wobei hier ganz klar darauf hingewiesen werden sollte, dass das zur Verfügung stehende Einkommen auch mit Ausscheiden aus dem Berufsleben bei den heutigen Best Agern signifikant hoch ist (siehe dazu auch Kapitel 5.1.1). Jedoch nicht zu leugnen ist die Tatsache, dass mit dem Austritt aus dem Arbeitsprozess eine starke Reduktion sozialer Kontakte und Beziehungen erfolgt. Die gesellschaftliche Position kann zweifellos nicht mehr über den Beruf definiert werden. Diese Rollenunsicherheit kann wiederum das Konsumverhalten beeinflussen, da eine stärkere Orientierung an Bezugspersonen erfolgt.[114]

Den dritten Abschnitt im Prozess der sozialen Alterung markiert der **Tod des Lebenspartners**. Mit dem Beginn dieses letzten Abschnitts schließt sich der Prozess der sozialen Isolation im Familienlebenszyklus. Damit wird sehr deutlich, dass soziale Alterung nicht nur gleichzusetzen ist mit Statusverlust, sondern ganz besonders mit der Reduktion sozialer Beziehungen.

5.2.3.3 Theorien zur Erklärung soziologischer Alterungsprozesse

In der gerontologischen Soziologie besteht bislang kein Konsens darüber, ob der reifere Konsument diese einsetzende Isolation hinnimmt oder ihr entgegenwirkt bspw. durch eine Intensivierung der familiären Kontakte oder einer Ausdehnung des Freundeskreises und der Freizeitaktivitäten. In diesem Zusammenhang wird darauf hingewiesen, dass die Zunahme des Konsums eine mögliche Isolation zumindest zeitlich begrenzt aufwiegen könnte. Eine der Theorien, die die Entwicklung der sozialen Kontakte und Aktivitäten im Alter zu erklären versucht, ist die *Aktivitätstheorie*.[115] Diese besagt, dass sich Zufriedenheit im Alter nur dann einstellt, wenn es der jeweiligen Person gelingt, möglichst viele Aktivitäten beizubehalten und den, durch die Berufsaufgabe oder die Ablösung von den eigenen Kindern, verstärkten Kontaktverlust durch das zusätzliche Aufbauen von sozialen Kontakten oder die

---

[114] Vgl.: Kölzer, 1995, S. 37
[115] Anm.: Die Aktivitätstheorie aus dem Jahre 1968 geht zurück auf Robert Havighurst (Hupp, 2000, S. 58)

Ausübung neuer aktiver Beschäftigungen zu kompensieren.[116] Demgegenüber steht die *Disengagementtheorie*. Sie verweist auf einen alterungsbedingten zunehmenden Verlust von Kontakten und Aktivitäten. Dieser Prozess des gesellschaftlichen Rückzugs ist demnach unausweichlich und betrifft alle alternden Individuen in gleichem Maße.[117]

Beide Theorien sind jedoch nicht frei von Kritik und gegen ihre Generalisierbarkeit spricht u.a., dass sie von Einflüssen der Persönlichkeit auf das gewünschte Aktivitätsniveau abstrahieren. Zudem vernachlässigen beide individuelle Wünsche und Zwänge (gesundheitlicher Natur), die sich auf das Ausmaß des Aktivitätsniveaus auswirken. Und keine der beiden genannten Theorien berücksichtigt, dass eine Einschränkung der sozialen Kontakte durch eine Entfaltung zusätzlicher geistiger Aktivitäten (z.B. Lesen oder Musik hören) ausgeglichen werden kann.[118] Insofern könnte auch ein Mensch mit wenig Sozialkontakten ein ausgeglichenes Leben führen. Diesen Bedenken versucht die *Kontinuitätstheorie* Rechnung zu tragen.[119] Sie basiert auf der Überlegung, dass Menschen unabhängig von ihrem Alter durch unterschiedliche Persönlichkeiten und Lebensstile gekennzeichnet sind. Mit zunehmendem Alter werden einer Person diese Züge jedoch mehr und mehr bewusst. Das Ergebnis dieses Prozess ist, dass reifere Menschen versuchen, die Summe an Rollen, Kontakten und Aktivitäten beizubehalten, die sie schon in jüngeren Jahren ausgeübt haben.[120]

5.2.3.4 Konsequenzen des Alterungsprozesses aus soziologischer Sicht

Vergleicht man diese drei Theorien miteinander und bezieht sie auf die Realität, so wird deutlich, dass z.B. ein Disengagement kaum zu beobachten ist. Vielmehr kann davon ausgegangen werden, dass der Großteil der Best Ager bestrebt ist, soziale Kontakte zu erhalten und auszubauen. Abhängig ist dies jedoch auch stark von der eigenen Einstellung und dem Wunsch nach Nähe. Die Aktivitätstheorie kann ähnlich abgehandelt werden. Man muss stets differenzieren, welche Anzahl an Kontakten und Aktivitäten der Mensch braucht, um zufrieden zu sein. Allgemeingültig zu sagen,

---
[116] Vgl.: Hupp, 2000, S. 58
[117] Anm.: Die Disengagementtheorie aus dem Jahre 1961 geht zurück auf Elaine Cumming und William Henry (Hupp, 2000, S. 58)
[118] Vgl.: Hupp, 2000, S. 59
[119] Anm.: Die Kontinuitätstheorie geht zurück auf Neugarten, Havighurst sowie Tobin (Hupp, 2000, S. 59)
[120] Vgl.: Hupp, 2000, S. 59

dass er nur glücklich sein kann, mit dem höchsten Maß an sozialen Kontakten und aktiver Beschäftigung wäre oberflächlich und mit der Maßgabe betrachtet, dass jeder Mensch unterschiedliche Ansprüche hat, auch unkorrekt. Das könnte die Annahme bestätigen, dass die Kontinuitätstheorie am trefflichsten wäre. Man kann wohl annehmen, dass Personen, die in jüngeren Jahren hohe Aktivität zeigten, auch im reiferen Alter bemüht sein werden, dies fortzuführen. Im Gegenzug werden Menschen mit passiverem Sozialverhalten auch mit zunehmendem Alter nicht unzufrieden über einen Rückgang ihrer sozialen Kontakte reagieren.

Zusammenfassend kann gesagt werden, dass aus Sicht der Soziologie die Alterung einen Prozess darstellt, der in mehreren abgrenzenden Phasen verläuft und der durch externe Ereignisse (Auszug der Kinder, Aufgabe des Berufs etc.) ausgelöst wird. Dass dieser Prozess nicht gleichzusetzen ist mit dem Prozess der sozialen Isolierung, konnte mittels der genannten Theorien gezeigt werden.

5.3 Zusammenfassende Relevanz der Ergebnisse

Die Annahme, dass sich Best Ager auf Grund von gesundheitlichen, psychologischen und soziologischen Beeinträchtigungen von jüngeren Konsumenten unterscheiden und daher als spezifische Personengruppe anzusehen sind, wurde in den meisten Punkten widerlegt, denn das Spektrum reicht von absolut hilfsbedürftigen Senioren bis hin zu enorm leistungsfähigen reiferen Menschen. Genauso individuell wie der Mensch ist altert er auch. Für keine der für das Konsumverhalten relevanten Verhaltensvariablen (Einstellung, Werte, Bedürfnisse etc.) konnten bisher Beweise für eine generelle altersbedingte Entwicklung geliefert werden. In allen Altersgruppen lassen sich die Konsumenten von den unterschiedlichsten Motiven leiten (Bedürfnispyramide), einige orientieren sich an niedrigeren Bedürfnissen, wohingegen andere Konsumenten Genuss, Bequemlichkeit und Komfort suchen. Die Generation 50plus umfasst somit sehr heterogene Zielgruppen. Die Bandbreite unterschiedlicher Lebensumstände sowie der Art und Weise der Freizeitgestaltung ist groß. Auch die physischen und psychischen Charakteristika der „reifen Kundschaft" differieren innerhalb der verschiedenen Alterskategorien stark. Für eine erfolgreiche Marktsegmentierung sollten deshalb zusätzlich die spezifischen Lebensstile der einzelnen Kundengruppen herangezogen werden (Lifestyle-Segmentierung).

6 Abgrenzung nach lebensstilbezogenen Kriterien

Der Begriff Lebensstil (*Life Style*) wurde nicht nur aus der Theorie, sondern aus der Marktforschungspraxis heraus entwickelt. Marketingaufgabe der Lebensstilforschung ist es, Zielgruppen zu finden, die in verhaltensrelevanten Merkmalen weitgehend übereinstimmen und die von anderen Gruppen gut abgegrenzt sind.[121] Dementsprechend bilden sich dann so genannte Lifestyle-Typologien. In seiner Definition kennzeichnet der Lebensstil die charakteristischen kulturellen und subkulturellen Verhaltensmuster Einzelner oder einer Gruppe von Personen. Es kommen zudem Wert- und Zielorientierung der Konsumenten zum Ausdruck.

Zur Erfassung des Lebensstils werden das Sport-, Urlaubs-, Media-, Arbeits- und Konsumverhalten sowie Einstellungen und Werte beurteilt.[122] Der Lebensstil kann zur Erklärung und Prognose von Konsumentenverhalten herangezogen werden, da in hoch entwickelten Konsumgesellschaften Güter nicht wegen ihres Grundnutzens gekauft werden, sondern auch wegen ihres Symbolcharakters. Dabei geht man davon aus, dass Konsumenten solche Güter präferieren, die mit ihrem Lebensstil vereinbar sind bzw. einen bestimmten Lebensstil dokumentieren.[123] Bereits vor über 30 Jahren hat Leo Burnett in Zusammenarbeit mit der Chicago University den Lebensstilforschungs-Ansatz begründet. Damit wollte er die Schwächen der rein demographischen Zielgruppenbeschreibung durch die Einbeziehung von Lebensstilen überwinden.[124]

Die Werbebranche erhofft sich mit diesem Segmentierungsansatz im Allgemeinen eine Annäherung an den Konsumenten über eine relativ umfassende aber dennoch generalisierende Beschreibung seiner Person. Von Vorteil ist dabei, dass das chronologische Alter nicht überbewertet wird. Weiterhin repräsentieren die oben benannten Lifestyle-Typologien werbewirtschaftliche Wunschvorstellungen vom Bild der Konsumenten, die darin Rollen einnehmen und stereotypisiert dargestellt werden. Um die Funktionsweise und Merkmalstiefe solcher Typologien und ihrer Typen anschaulich zu beschreiben, sollen im Folgenden eine Reihe von Vor- und Nachteilen in Bezug auf Typologienbildung aufgezeigt werden und im Anschluss

---

[121] Vgl.: Trommsdorff, 2002, S. 218
[122] Vgl.: Foscht/Swoboda, 2004, S. 125
[123] Vgl.: Foscht/Swoboda, 2004, S. 125
[124] Vgl.: Pepels in Pepels, 2000, S. 88

daran drei wesentliche Typologien großer Institute und Agenturen vorgestellt werden. Diese werden verglichen und mittels kritischer Bewertung auf Aussagefähigkeit geprüft.

6.1 Vorteile von Typologienbildung

Ziel von Life-Style-Konzepten zur Beschreibung von Kundenverhalten ist es, ein möglichst genaues Bild vom Selbstverständnis bspw. älterer Konsumenten zu gewinnen, um resultierend daraus eine verbesserte Grundlage für zielgruppenspezifische unternehmerische Entscheidungen zu erreichen.[125] Zudem bietet die Bildung von Typologien eine hohe Marketingrelevanz, da beobachtbares Verhalten oder zumindest mehrfach abgesicherte Indikatoren für dieses Verhalten die Grundlage der Ergebnisse bilden. Typologien erleichtern den Beteiligten durch ihre Anschaulichkeit die Arbeit, denn abstrakt und wenig greifbar erscheinende Segmentbeschreibungen werden prägnant und transparent. Produkte bzw. Dienstleistungen können dann hinreichend an das Profil der Lebensstile angepasst werden und erreichen somit eine höhere Akzeptanz am Markt. Zudem erleichtern die Aussagen der Typologien die Übersetzung in werbliche Botschaften. Da es sich um Ableitungen aus realen Gegebenheiten handelt und nicht um leicht angreifbare Hypothesen, können Typologien sachgerecht erhoben und ausgewertet werden. Sie liefern somit ein exaktes Spiegelbild der tatsächlichen Nachfrageverhältnisse am Markt.[126]

6.2 Nachteile von Typologienbildung

Obwohl, wie oben beschrieben, die Bildung von Typologien eine große Anzahl an Vorteilen bietet, stehen diesen jedoch auch einige negative Aspekte gegenüber. Zu nennen wäre hier, dass Typologien womöglich eine Scheinexaktheit vorspiegeln, die so nicht gegeben ist und so auch nicht erreichbar scheint. Die Praktikabilität des Erhebungsumfangs verhindert zudem die Berücksichtigung spezieller Inhalte. Allerdings gibt es zwischenzeitlich eine inflationierende Vielzahl spezialisierter Typologien. Auch die Merkmale, die der Typologie zu Grunde liegen, sind nicht alle allgemein klassifizierbar, weil sie als qualitative Daten wenig trennscharf und exakt bleiben. Da Typologien jeweils individueller Forschungs-Designs zugrunde liegen, sind ihre Ergebnisse untereinander eigentlich nicht vergleichbar. Dadurch ist ihre

---

[125] Vgl.: Büllingen, 1996, S.63
[126] Vgl.: Pepels in Pepels, 2000, S. 98 sowie Büllingen, 1996, S. 63

Anwendung erheblich begrenzt. Zu bemängeln ist außerdem, dass die forscherische Fundierung der Typologien im Einzelfall eher zweifelhaft ist und die Forschungs-Designs gelegentlich wohl so angelegt sind, dass sie die Ergebnisse zu liefern vermögen, die ihre Auftraggeber von ihnen erwarten. Für die entstehenden Typen können sich womöglich Identifikationsschwierigkeiten ergeben, da die Ursprungsdaten mathematisch-statistisch reduziert werden und dadurch ihre Rückbeziehbarkeit auf die Ausgangseinheiten unmöglich wird. Auch das regelmäßige produzieren von Kunsttypen, die so in der Wirtschaftlichkeit überhaupt nicht vorhanden sind, sondern bloße Artefakte quantitativer Verfahren sind, ist zu kritisieren. Wegen des hohen Erhebungsaufwands werden Typologien dazu häufig nur in größeren Zeitabständen ermittelt, so dass sie den dazwischen stattfindenden Wertwandel nur unvollkommen berücksichtigen.[127]

6.3 Segmentierung anhand des Lebensstil nach aktuellen Studien

Anhand der folgenden unterschiedlichen Studien sollen Vor- und Nachteile erneut mittels dieser Praxismodelle aufgezeigt werden.

6.3.1 Infratest Sozialforschung

Die Darstellung des vierstufigen Modells aus einer von Infratest und SINUS gemeinsam durchgeführten Studie „Die Älteren – Zur Lebenssituation der 55- bis 70-Jährigen" aus dem Jahre 1991 sollte dazu dienen, die Zielgruppe der 55- bis 70-Jährigen per Clusteranalyse zu differenzieren und in Segmente einzuteilen. Hierbei wurde gänzlich auf Kategorisierung nach dem Alter verzichtet und die Befragten hingegen auf Einstellungs- und Verhaltensmuster sowie Milieu- und Berufszugehörigkeit geprüft. Diese vier Typen haben sich im Einzelnen herauskristallisiert: die *pflichtbewussten-häuslichen Älteren*, die *aktiven neuen Alten*, die *sicherheits- und gemeinschaftsorientierten Älteren* und die *resignierten Älteren*.

Die *pflichtbewusst-häuslichen Älteren* stellen mit 31% die größte der vier Gruppen dar. Ihr Lebensstil ist gekennzeichnet durch Bescheidenheit, Sparsamkeit, Harmoniestreben, Konfliktabwehr und Familienorientierung. Sie brauchen die emotionale Sicherheit in der privaten Welt. Traditionelle Werte und Pflichterfüllung sind von großer Bedeutung. In dieser Gruppe des konservativ gehobenen und

---
[127] Vgl.: Pepels in Pepels, 2000, S. 98f

kleinbürgerlichen Milieus findet man Angestellte und Beamte und sowie viele Frauen.[128]

25% der reiferen Menschen gehören der Gruppe der *aktiven neuen Alten* an. Sie zeichnen sich durch das Begreifen des Alters als Chance aus, die sie aktiv nutzen wollen. Aufgeschlossenheit Neuem gegenüber, Lebensgenuss, das Streben nach Selbstverwirklichung sowie Kreativität und ein hohes Maß an sozialen Kontakten stehen im Vordergrund. Ein Großteil der aktiven neuen Alten ist männlich und lebt in gut situierten Verhältnissen mit Akademikerstatus.[129]

Weitere 29% der Älteren gehören zu den *sicherheits- und gemeinschaftsorientierten Älteren*. Diese charakterisiert eine klassische Art, den Ruhestand zu genießen. Entpflichtung, Ruhe und Rückzug auf persönliche Wünsche aber dennoch Geselligkeit und Solidarität mit Altersgenossen beschreiben die Werte dieser Gruppe. Überrepräsentiert sind das traditionelle Arbeiter- und das kleinbürgerliche Milieu, so dass dieser Typus im Alter auch eher in bescheidenen Verhältnissen lebt.[130]

Von sozialer und materieller Benachteiligung ist die Lebenssituation der *resignierten Älteren* geprägt, die 15% ausmachen. Resignation, Einsamkeit, Krankheit sowie ein niedriges Bildungs- und Einkommensniveau herrschen vor. Schwerpunktmäßig entstammt dieser Typ dem Arbeitermilieu und man findet viele verwitwete Frauen aus dem kleinbürgerlichen Milieu wieder.[131]

6.3.2 TNS Infratest anhand des Semiometrie Modells

In der TNS Infratest Studie 2005 „Best Ager – Typologie, Status Quo und aktuelle Trends"[132] wurden drei homogene Untergruppen innerhalb des Best Ager-Segments identifiziert. Unter Best Ager versteht das Institut alle über 50-Jährigen.[133] Die drei Subgruppen wurden gebildet auf Grund einer Befragung von ca. 2000 Probanden hinsichtlich des Freizeitverhaltens, der Werteorientierung, der Produkt- und Mediapräferenzen sowie soziodemographischer Daten. Das Semiometrie Modell

---

[128] Vgl.: Infratest Sozialforschung, 1991, S. 82f
[129] Vgl.: Infratest Sozialforschung, 1991, S. 86
[130] Vgl.: Infratest Sozialforschung, 1991, S. 89
[131] Vgl.: Infratest Sozialforschung, 1991, S. 92
[132] Quelle: TNS Infratest, http://www.tns-infratest.com/02_business_solutions/SemiometrieDownload/download_semiometrie.asp Stand: 23.10.2006
[133] Vgl.: TNS Infratest, 2005, S. 3

basiert weiterhin auf dem Ansatz, Wörter als Indikatoren zur Messung von Werten zu verwenden, indem diese durch die Befragten anhand einer Skala bewertet werden. Die dabei ermittelten Gruppen reiferer Menschen sind im Einzelnen: die *Passiven Älteren*, die *Kulturell Aktiven* und die *Erlebnisorientierten Aktiven*. Im weiteren Verlauf sollen diese Subgruppen beschrieben und deren Relevanz für das Marketing erläutert werden.

Die *Passiven Älteren* repräsentieren 37% der über 50-Jährigen und entsprechen dem klassischen Rentnerbild: Sie definieren sich über ein ausgesprochen passives Freizeitverhalten mit wenig Sozialkontakten, haben ein relativ geringes Haushaltseinkommen und leben eher zurückgezogen. Besonders selten treten hier Computer- und Internetnutzung auf. Zudem kann man hier von der ältesten der drei Best Ager-Gruppen sprechen: Über 40% sind 70 Jahre und älter. Werte wie familiäre Orientierung, Traditionen und das Einhalten von Hierarchie dominieren und das Interesse an Konsum und neuen Produkten ist eher unterdurchschnittlich.[134]

Zur Gruppe der *Kulturell Aktiven* gehören 33% der Best Ager. Sie zeichnen sich durch ein überdurchschnittlich aktives Beschäftigungs- und Sozialverhalten mit typisch kulturellem Hintergrund aus. Frauen und die Altersgruppe der 60- bis 69-Jährigen dominieren diese Subgruppe. Das Streben nach Harmonie und sozialen Kontakten sowie das Ablehnen individualistisch-hedonistischer Werte prägen diese Gruppe stark. Sie zeichnet sich zudem durch eine überdurchschnittliche Affinität zu Produkten aus den Bereichen Mode, Ernährung, Vitaminpräparate aus.[135]

Die wohl interessanteste Gruppe für die Werbebranche und für Marketingfachleute stellt die Gruppe der *Erlebnisorientierten Aktiven* dar. 30% der über 50-Jährigen können dieser Gruppe zugerechnet werden, die stark genuss- und erlebnisorientiert ist und sich durch eine überdurchschnittlich kritische Grundhaltung charakterisiert. Überrepräsentiert in diesem Segment sind Männer und die Altersgruppe der 50- bis 59-Jährigen. Sie sind Neuerungen und Technik gegenüber aufgeschlossen, in guter gesundheitlicher Verfassung und besonders interessiert an Produkten der Unterhaltungselektronik, der Telekommunikation sowie an Computern und Autos. Gerade dieser aktive, gesunde, gut gebildete (30% haben die mittlere Bildung und 23% sogar

---

[134] Vgl.: TNS Infratest, 2005, S. 22, 27, 32
[135] Vgl.: TNS Infratest, 2005, S. 22, 27, 33

Abitur) und einkommensstarke Typus (37% haben ein Einkommen über 2500€) soll die hohe Dynamik des Best Ager-Segments verdeutlichen. Auf Grund der Werthaltungen und des Lebensstils ähnelt diese Gruppe am stärksten dem jüngeren Segment.[136]

6.3.3 GREY

Die Werbeagentur Grey hat in den letzten zwölf Jahren in regelmäßigen Abständen Studien zum Thema Generation 50plus herausgegeben. 1998 veröffentlichte die Agentur die Analyse „Master Consumer – Warum ignoriert das Marketing die reichste Generation aller Zeiten". Auf der Basis von 20.271 Probanden im Alter von 50plus Jahren konzentrierte man sich auf das psychologische Selbstbild der Gruppe und deren soziale Umgebung und Wendepunkte. 2005 kam die aktuelle Studie heraus: „Neue Lust in reifer Schale Teil 2 – Mit den Master Consumers aus der Konsum Krise." Als Ergebnis kristallisierten sich ebenso wie bei TNS Infratest drei Kern-Segmente heraus: Die *Master Consumer*, die *Maintainer* und die *Simplifier*.

Die *Master Consumers* (29%) (68er heute) sind im Durchschnitt 50-59 Jahre alt. Sie sind ausgabefreudig (verfügen über 46% des HHNE der 50plus Generation), aktiv und beweglich sowie erlebnisorientiert. Die Ablehnung der „alten Stereotypen" ist kennzeichnend für diese Gruppe. Sie sind Neuem aufgeschlossen und nutzen alle Möglichkeiten, die ihnen ihre hohe psychische und physische Vitalität bietet, wie bspw. die intensive Teilnahme am öffentlichen Leben.[137]

Den Fokus der *Maintainers* (36%) bilden vorrangig die 60- bis 69-Jährigen. Sie werden auch als die junge Aufbaugeneration gesehen. Sie verfügen über 31% des HHNE und gelten als finanziell gut abgesichert. Sie erfreuen sich bester Gesundheit und genießen die neuen Freiheiten, die sich ihnen bieten. Familie, Freunde und Freizeit sind Dreh- und Angelpunkte in ihrem Leben.[138]

Zu den *Simplifiers* gehören 35% der über 50-Jährigen. Sie sind zumeist über 70 Jahre und identifizieren sich stark mit ihrem Altersstatus. Sie leben den traditionellen Lifestyle und das traditionelle Rollenverhalten älterer Menschen und sind zurückge-

---

[136] Vgl.: TNS Infratest, 2005, S. 22, 27, 34
[137] Vgl.: Grey, 2005, S. 17
[138] Vgl.: Grey, 2005, S. 17

zogen und häuslich. Sie verfügen zudem nur über einen limitierten finanziellen Spielraum (23% des HHNE der 50plus Generation).[139]

6.3.4 Kritische Bewertung

Die globale Trennung des Segments der Best Ager ist bei diesen Typologien deutlich sichtbar. Obwohl die Ergebnisse auf Grund der unterschiedlichen Erhebungsmethoden und Anzahl der Probanden nicht wirklich vergleichbar sind, ähneln sich bspw. die beiden Studien von TNS Infratest und Grey auf den ersten Blick auffallend; nicht nur was die identische Herausbildung der drei Subgruppen betrifft, sondern auch die generelle Unterteilung dieser. Einen Unterschied bilden lediglich die Bezeichnungen dieser Gruppen. So lässt sich mit einigen wenigen Abstrichen feststellen, dass die *Maintainers* (Grey) und die *Kulturell Aktiven* (TNS) in ihren Beschreibungen einen sehr ähnlichen Lebensstil und ein fast identisches Werteprofil aufweisen. Gleiches lässt sich bei den *Simplifiers* (Grey) und den *Passiven Älteren* (TNS) ableiten. Beide Gruppen zählen definitiv zu den „älteren Alten", da sie ein traditionelles Altenbild von Rückzug, Häuslichkeit und Wertekonservatismus verkörpern. Mit wenigen Abstrichen weisen auch die *Master Consumers* (Grey) und die *Erlebnisorientierten Aktiven* (TNS) ein fast identisches Profil auf, das Wert auf Genuss und Erleben legt. Zudem ist bei beiden Studien gleichsam auffällig, dass die Gruppen der *Maintainers* (Grey) und *Kulturell Aktiven* (TNS) sehr den *Master Consumers* (Grey) und den *Erlebnisorientierten Aktiven* (TNS) ähneln. Erstere hätten wohl durch die Wortwahl ihrer Studie auch mehr in Richtung „ältere Alte" beschrieben werden können.

Eine Ausnahme bildet die Studie von Infratest. Anders als TNS und Grey hat das Institut vier unterschiedliche Gruppen aus den Analysen herausgefunden, von denen nur eine zu den *aktiven neuen Alten* gehört. Hier zeigt sich zwischen den drei Studien eine Abweichung. Während TNS und Grey bemüht waren, zwei von drei Gruppen als aktiv und lebensfroh darzustellen, gelingt dies Infratest nur bei einer von vier Gruppen. Dies könnte zum einen vor dem Hintergrund und mit den Absichten begründet sein, die den Studien durch ihre Herausgeber zu Grunde liegen, aber auch durch ihre unterschiedlichen Erscheinungsjahre erklärt werden. Bei der Typologie von Sinus ist zu beachten, dass sie Anfang der 90er Jahre entstanden ist. Dennoch lässt sich feststellen, dass der damals fokussierte Typ der *aktiven neuen*

---

[139] Vgl.: Grey, 2005, S. 17

Alten (Infratest) ziemlich genau dem aktuellen Bild der *Master Consumers* (Grey) und den *Erlebnisorientierten Aktiven* (TNS) entspricht. Ebenso kann man die *pflichtbewusst Häuslichen* (Infratest) mit den *Maintainers* (Grey) und den *Kulturell Aktiven* (TNS) in Verbindung bringen. Alle drei weisen ein ähnliches Profil in der Lebenseinstellung auf. Der Unterschied besteht lediglich im Beschreibungsfokus, der bei Grey auf Konsum, bei TNS Infratest auf Freizeitverhalten und bei Infratest auf Einstellung und das allgemeine Umgehen mit dem Alter gelegt wurde.

Wie bereits erwähnt, wurde bei der Typologienbildung von TNS Infratest bei der Interpretation der Generation 50plus viel Wert auf das Beschreiben von Aktivitäten und Freizeitverhalten gelegt. Dadurch entsteht der Eindruck, dass z.B. die *Kulturell Aktiven* ähnlich dynamisch, aktiv und unternehmenslustig sind wie die *Erlebnisorientiert Aktiven*. Dass der Typ jedoch eher auf einen traditionellen Charakter anspielt, der Harmonie, Gesellschaft und hedonistische Werte bevorzugt, wird nicht auf den ersten Blick deutlich. Die genaue Überprüfung dieses Typs und seiner wirklichen Eigenschaften lässt die Informationslage leider nicht zu. Kritisch anzumerken ist hier dennoch, dass sich eine Typologie mit zwei für Werbung und Konsum eher uninteressanten Gruppen wohl schlechter verkaufen lässt als eine mit zwei lebensfrohen Typen. Hierbei wird deutlich, wie wichtig und dennoch wie groß die Diskrepanz von Interpretation, Auswahl, Darstellung und Ausformulierung der Daten ist. Auch sollte darauf hingewiesen werden, dass die Spanne zwischen den *Maintainers/Kulturell Aktiven* und den *Simplifiers/Passiven Älteren* bedeutend ist. Hier könnte man annehmen, dass eine Kategorie zwischen den jüngeren und den älteren Best Agern fehlt, um Menschen zu beschreiben, die mittig zwischen beiden Kategorien positioniert sind und Merkmale beider Typen aufweisen. Ein Typus, der der kategorischen Annahme, dass Menschen entweder zu den aktiven jungen oder zu den passiven älteren Alten gehören, entgegen sprechen würde.

6.4 Konsequenzen des Alterungsprozesses nach lebensstilbezogenen Kriterien

Anhand der Studien und in der Gesamtheit kann gesagt werden, dass die heutige Langlebigkeit und die zunehmende Zahl gesunder und aktiver reiferer Menschen dazu führen werden, dass wir gegenwärtig immer mehr von zwei unterschiedlichen Alterskulturen ausgehen können. Einer Alterskultur für aktive Ältere und einer für passivere und teils sogar pflegebedürftige Menschen. Dabei ist das Wort „aktiv", wie bereits in den oben getätigten Ausführungen erwähnt, ein dehnbarer Begriff. Er steht sowohl für die sportlich-dynamische Aktivität als auch für die kulturelle. Auch wenn reifere Menschen oftmals mit dem Begriff „Generation 50plus" oder „Menschen ab 50" beschrieben werden, kann man davon ausgehen, dass ein großer und wachsender Teil der Menschen ab dem 50. Lebensjahr autonom, aktiv und weit entfernt von „alt" im herkömmlichen Sinne gelten. Zudem darf nicht vergessen werden, dass die Spanne zwischen dem 50. und dem 80. Lebensjahr immerhin 30 Jahre beträgt. Somit kann man davon ausgehen, dass die Bedürfnisse und Konsumwünsche eines 55-Jährigen weit näher an denen eines 45-Jährigen liegen werden als an denen eines 65-Jährigen.[140] Damit ist vermutlich verständlich, dass Menschen, welche noch teilweise weit entfernt vom Rentnerdasein sind oder sich gar in der Übergangsphase dorthin befinden, ein ganz anderes Konsumverhalten haben, als Menschen, die sich bereits seit längerem in diesem Lebensabschnitt eingerichtet haben. Eine einheitliche Kategorisierung der Zielgruppe 50plus ist dennoch schwierig, da in den Unternehmen die Vorstellungen und Ansprüche an einzelne Konsumentengruppen stark variieren. Jedoch erscheint es sinnvoll, eine vereinfachte Unterscheidung der reiferen Konsumenten nach unterschiedlichen Lebensphasen vorzunehmen, um das Segment zumindest in den Grundzügen einzugrenzen. Das Meyer-Hentschel Institut[141] unterscheidet dabei klassisch in drei rationalisierte Typen:[142]

1. Die Vor-Senioren: 45–50plus

Die ersten Anzeichen von Altersbeschwerden werden in dieser Lebensphase noch ignoriert. Der Anteil an Freizeit ist noch gering, aber man bereitet sich langsam auf den Ruhestand vor. Außerdem befindet man sich in einer Phase, in der die Kinder das Haus verlassen und die Großelternrolle langsam beginnt. Eine Identifikation mit dem Seniorenstatus findet nicht statt.

---

[140] Vgl.: Gassmann/Reepmeyer, 2006, S. 11
[141] Anm.: Meyer-Hentschel Institut, www.mhmc.de, beschäftigt sich seit 1985 mit dem Verhalten älterer Verbraucher und gilt als Begründer des Seniorenmarketing in Europa
[142] Vgl.: Meyer-Hentschel, H./Meyer-Hentschel, G., 2004, S. 13

2. Die jungen Senioren: 60plus

Altersbeschwerden werden in dieser Lebensphase zum ersten Mal bewusster wahrgenommen. Im Berufsleben befindet man sich im Übergang zur Pensionierung. Somit steigt der Anteil an neu gewonnener Freizeit. Außerdem wird oft eine aktive Großelternrolle übernommen. Der Seniorenstatus rückt zum ersten Mal in das Bewusstsein.

3. Die älteren Senioren: 70plus

Die Altersbeschwerden schränken die Eigenaktivitäten ein. Da Arbeit keine Bedeutung mehr hat, übernimmt die Gestaltung der Freizeit diesen Stellenwert. Auch die Großelternrolle wird eher passiv wahrgenommen. Oft kommt es in dieser Lebensphase zum Verlust von Partnern, Geschwistern und Freunden. Die Identifikation mit dem Seniorenstatus hat begonnen.

Diese Typisierung der Best Ager folgt hierbei der logischen Einteilung nach Lebensabschnitten. Es werden keine Aktivitäten oder sonstige beschreibenden Variablen zu Grunde gelegt, sondern lediglich anhand von Erfahrungen der letzten Generationen und basierend auf den heutigen Entwicklungen in der Gesellschaft, Eingrenzungen vorgenommen. Diese Segmentierungsmethode bestätigt die oben genannten Ausführungen, dass sich die Zielgruppe ab 50 Jahren vermutlich in zwei verschiedene Gruppen teilen wird. Denn obwohl auch das Meyer-Hentschel Institut drei Segmente beschreibt, unterscheiden sich bedeutend nur die älteren Senioren ab 70plus von den anderen beiden Gruppen, bei denen eine Differenzierung voneinander wesentlich schwerer fällt. Somit kann davon ausgegangen werden, dass der Personenkreis um die Best Ager ab einem Alter von ca. 50 Jahren beginnt und zwischen 65 und 70 Jahren fließend übergeht in die langsame Identifikation mit dem so genannten Seniorenstatus. Man sollte sich jedoch bewusst machen, dass es in den nächsten Jahren mehr denn je zu einer Verschiebung dieser Einteilung kommen kann, da die zunehmende Lebenserwartung der Menschen diese kategorische Einteilung vermutlich relativieren wird. Eine Identifikation mit dem Seniorenstatus könnte dann auch erst mit einem Alter von 80 Jahren eintreten.

7 Involvement als Erklärungsvariable für das Kaufverhalten von Konsumenten

Das Involvement (Beteiligung) gewann erst in einer späten Phase der Entwicklung der Theorie des Konsumentenverhaltens im Jahre 1965 durch den Marketingforscher Krugmann an Popularität.[143] In seinen Ursprüngen geht der Begriff jedoch auf die Sozialpsychologen Muzafir Sherif und Hadley Cantril bis ins Jahre 1947 zurück. Beide lieferten eine theoretische Begründung und das Messmodell für Involvement.[144] Somit ist das heutige Basiskonstrukt der Marketingtheorie eigentlich nur eine Wiederentdeckung. In den 80er Jahren wurden erste Bücher zu diesem Thema veröffentlicht und gegenwärtig ist es in keinem Werk über Konsumentenverhalten mehr wegzudenken.[145] Jedoch ist man sich bis dato nicht über eine einheitliche Begriffsdeutung einig. Trommsdorff bspw. sieht im Involvement den Aktivierungsgrad bzw. die Motivstärke zur objektgerichteten Informationssuche, -aufnahme, -verarbeitung und -speicherung.[146]

7.1 Begriffsklärung

Die uneinheitliche Begriffsdeutung liegt zuallererst daran, dass mit dem Begriff Involvement ein theoretisches physisches Phänomen bezeichnet wird, dass sich einer direkten Beobachtung entzieht.[147] Bei allen Unterschieden ist eine gemeinsame Komponente der Definitionen, dass Involvement als Ich-Beteiligung (Aktivierung) verstanden wird, dass es von Bedürfnissen und Werten determiniert wird und bestimmte Prozesse des Informationsverhaltens auslöst. Bezüglich der Aktivierung ist festzustellen, dass sie die Grundvoraussetzung für eine gezielte Beeinflussung des Käuferverhaltens ist.[148] Zurückzuführen ist dies auf die Aussage, dass sich Konsumenten gegenüber der Kommunikation von Unternehmen in der Regel passiv verhalten. Es müssen also gezielte Aktivierungstechniken eingesetzt werden, damit der Konsument auf ein bestimmtes Produkt aufmerksam gemacht wird. Neben der Aktiviertheit muss zusätzlich die Aufmerksamkeit des Konsumenten erweckt werden. Dies drückt sich in der Selektion von und Konzentration auf bestimmte Reize bzw.

---

[143] Vgl.: Foscht/Swoboda, 2004, S. 194
[144] Vgl.: Hupp, 2000, S. 194f sowie Trommsdorff, 2002, S. 55
[145] Vgl.: Trommsdorff, 2002, S. 55
[146] Vgl.: Trommsdorff, 2002, S. 56 sowie Hupp, 2000, S. 190
[147] Vgl.: Hupp, 2000, S. 194
[148] Vgl.: Kölzer, 1995, S. 194

Informationen aus. Der Grad der Aufmerksamkeit wird dabei in hohem Maße vom Involvement einer Person bestimmt.[149]

7.2 Grad des Involvements

Eine verbreitete Hypothese besagt, dass teure Produkte eher rational, billige eher gefühlsmäßig gekauft werden. Nach einer Variante dieser Hypothese kaufen wohlhabende Konsumenten somit seltener involviert als weniger vermögende Konsumenten. Diese Hypothese vom Einfluss des relativen Wohlstands auf das Involvement ist nicht ganz falsch, aber zu einfach, um dieses Konstrukt zu erklären. Es gibt heute viele Beispiele, die das Gegenteil beweisen, z.B. der gefühlsmäßige Kauf eines Autos und die Buchung von Urlaubsreisen und als Gegenpart pedantisch-involvierte Käufe von Wattestäbchen und Spülmaschinensalz durch Millionäre.[150]

Der Grad des Involvements ist somit in hohem Maße abhängig von der mehrdimensionalen Konstellation psychischer Zustände des Konsumenten und von der mehrdimensionalen Stimulussituation, in der sich dieser befindet.[151] Er wird anhand des Interesses an einem Objekt bestimmt sowie durch die Bedürfnislage eines Konsumenten determiniert, aber auch von Werten und Einstellungen beeinflusst (siehe Abb. 10).[152]

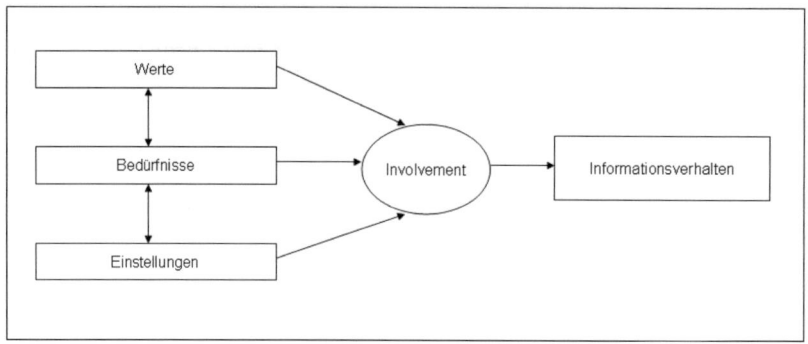

Abb. 10: Stellenwert des Involvements in Abhängigkeit anderer Determinanten des Kaufverhaltens[153]

---

[149] Vgl.: Meffert, 1998, S. 106f
[150] Vgl.: Trommsdorff, 2002, S. 306
[151] Vgl.: Trommsdorff, 2002, S. 56
[152] Vgl.: Schmitz/Kölzer, 1996, S. 100
[153] Vgl.: Kölzer, 1995, S. 195

Verschiedene Personen können bspw. in gleichen Situationen verschieden stark involviert sein. Dies ist darauf zurückzuführen, dass unterschiedliche Persönlichkeitszüge und persönliche Eigenschaften (Kenntnisse, Erfahrungen, Motive, Einstellungen, Werte usw.) vorliegen.[154] Ist ein Objekt eng mit dem Selbstbild oder den zentralen Werten eines Konsumenten verbunden oder bei kostenintensiven Käufen mit einem hohen Kaufrisiko, so liegt ein hohes Involvement vor. Eine besonders hohe Bedeutung kommt hierbei dem Kaufrisiko beim Produktkauf zu. Bei der Wahl der Einkaufsstätte spielt es dagegen eine geringere Rolle, da der Konsument die Möglichkeit hat, mehrerer dieser Einkaufsstätten aufzusuchen, ohne eine zwingende Kaufentscheidung herbeiführen zu müssen.[155]

High-Involvement liegt meist bei Produkten vor, die für den Konsumenten besonders wichtig oder für ihn mit gewissen Risiken z.B. finanzieller, sozialer, psychologischer oder gesundheitlicher Herkunft verbunden sind. Bei diesen Produkten investiert der Konsument relativ viel Energie und Zeit in die aktive Informationssuche und in einen intensiven Kaufentscheidungsprozess. Eine typische High-Involvement-Situation ist bspw. der Bau eines Hauses. Haben Produkte hingegen eine geringere Bedeutung für den Konsumenten und implizieren sie ein geringeres Risiko mit dem Kauf, so liegt ein *Low-Involvement* vor. Hier zeigt der Konsument ein eher passives Informationsverhalten mit wesentlich weniger Zeit- und Energieaufwand für den Kaufentscheidungsprozess.[156] Beispielsweise empfindet eine sportliche Person nur ein Low-Involvement, wenn diese Wein kauft. Eine andere Person hingegen empfindet ein Low-Involvement bei Sportkleidung, die während einer Fortbildung benötigt wird, und hat andersherum ein High-Involvement beim Kauf von Wein, da sie in ihrer Freizeit großen Gefallen an der Auswahl erlesener Weine gefunden hat.

---

[154] Vgl.: Trommsdorff, 2002, S. 60
[155] Vgl.: Schmitz/Kölzer, 1996, S. 101
[156] Vgl.: Homburg/Krohmer, 2003, S. 32 sowie Meffert, 1998, S. 107

High-Involvement Verhalten	Low-Involvement Verhalten
• aktive Informationssuche • aktive Auseinandersetzung mit erworbenen Informationen • Markenbewertung vor dem Kauf • Kaufentscheidung basierend auf vielen Merkmalen • hohe Markenbindung • stark verankerte intensive Einstellung	• passives Informationsverhalten • passive Auseinandersetzung mit erworbenen Informationen • keine Markenbewertung vor dem Kauf • Kaufentscheidung basierend auf wenigen Merkmalen • geringe Markenbindung • schwach verankerte intensive Einstellung

Abb. 11: Wirkungen des Involvements[157]

7.2 Involvement und die Wirkung auf den Kaufentscheidungsprozess

Festzustellen ist, dass sich der Grad des Involvements auf den Ablauf des individuellen Kaufentscheidungsprozess auswirkt.[158] Denn das Ausmaß des Interesses bei einem Kauf wird als Indikator genutzt, der wiederum den Grad des Involvements bestimmt.[159] In der Definition beinhaltet die Kaufentscheidung die Suche nach entscheidungsrelevanten Informationen (Produktmerkmale und Marken), die Bewertung von möglichen Entscheidungsalternativen und den eigentlichen Kaufentschluss. Somit stellen Kaufentscheidungen einen kognitiv gesteuerten und kontrollierten Prozess dar. Das Entscheidungsverhalten des Konsumenten kann entsprechend dem jeweiligen Ausmaß an kognitiver Steuerung unterschieden werden in *extensive, limitierte, habitualisierte* und *impulsive* Kaufentscheidung.[160]

Während eines *extensiven* Kaufverhaltens findet ein intensives Informationsverhalten statt, um mögliche Kaufrisiken vorzubeugen. Diejenigen Artikel, die für den Kauf in Betracht gezogen wurden, werden verglichen wobei gleichzeitig versucht wird, eine rational fundierte Entscheidung zu treffen. In der Realität ist dieses Verhalten am ehesten bei Erstkäufen von hochpreisigen und langlebigen Gebrauchsgütern oder

---

[157] Vgl.: Hupp, 2000, S. 219
[158] Vgl.: Kölzer, 1995, S. 196
[159] Vgl.: Kölzer, 1995, S. 194
[160] Vgl.: Hupp, 2000, S. 115-117

Käufen von Innovationen gegeben;[161] mit anderen Worten bei Gütern und Waren bei denen ein hohes Involvement vorhanden ist.

Bei der *limitierten* oder auch vereinfachten Kaufentscheidung verfügt der Konsument über eine gewisse Kauferfahrung. Die Entscheidungssituation ist hierbei für den Marktteilnehmer weder neuartig noch schwierig, weshalb hier auch ein eingeschränktes, kognitives Engagement bei der Kaufentscheidung vorliegt. Die Kaufentscheidung ist in dem Moment gefällt, wenn die Ware den Ansprüchen und Anforderungen des Konsumenten entspricht.[162] Natürlich findet auch hier ein Informationsverhalten statt, doch ist dieses wesentlich geringer ausgeprägt als bspw. beim extensiven Kaufverhalten. Der Verbraucher beschränkt sich hier auf die so genannten Schlüsselinformationen. Diese substituieren und bündeln mehrere Informationseinheiten, die für die Produktbeurteilung besonders wichtig sind, und ermöglichen somit eine Kaufentscheidung, ohne aufwendige Vergleichsprozesse durchführen zu müssen.[163]

Die *habitualisierte* Kaufentscheidung entspricht einem Gewohnheitskauf, denn der Entscheidungsprozess beim Kauf der Ware wird durch die Gewohnheit reduziert. Der Konsument verlässt sich im Moment des Kaufs auf erprobte Handlungsweisen. Somit wird das Informationsverhalten bezüglich des Objekts extrem minimiert.[164] Habitualisierte Kaufentscheidungen sind somit noch stärker vereinfacht als limitierte Kaufentscheidungen. Der Unterschied zwischen beiden Verhaltenstypen besteht darin, dass in gewohnheitsmäßigen Entscheidungen meist eine einzige Alternative eindeutig bevorzugt wird, während bei der limitierten Kaufentscheidung eine größere Anzahl von Kaufalternativen gleichermaßen präferiert wird. Dies macht eine aktive Entscheidung seitens des Konsumenten erforderlich.[165] Jedoch sollte davon abgesehen werden, habitualisiertes Kaufverhalten mit markentreuem Kaufverhalten gleichzusetzen, auch wenn beide Prozesse einen wiederholten Kauf von ein und derselben Marke beinhalten. Die als notwendig erachtete Differenzierung steht mit dem Begriff „Treue" in Zusammenhang. Dieser unterstellt, dass markentreue Käufer auch unter Inkaufnahme kurzfristiger Nachteile von einem Markenwechsel absehen werden. Dies setzt eine positive Einstellung zur Marke voraus. Die habitualisierte Kaufhandlung wird hingegen eher gleichgültig und routinemäßig getroffen. Es ist

---

[161] Vgl.: Hupp, 2000, S. 117 sowie Trommsdorff, 2002, S. 305
[162] Vgl.: Kölzer, 1995, S. 196
[163] Vgl.: Hupp, 2000, S. 118-120 sowie Schmitz/Kölzer, 1996, S. 106
[164] Vgl.: Kölzer, 1995, S. 196
[165] Vgl.: Hupp, 2000, S. 121

zwar möglich, dass ein Konsument auch hier eine positive Einstellung zu einer bestimmten Marke aufweist, aber diese Einstellung übt keinen Einfluss auf seine Produktwahl aus.[166]

Eine *impulsive* Kaufentscheidung ist dagegen eine emotionale und vor allem spontane Kaufreaktion, welche ohne große Überlegung erfolgt. Zurückzuführen ist diese u.a. auf bestimmte Reize am PoS (z.B. Promotionmaßnahmen). Von zentraler Bedeutung für die impulsive Auswahl eines Produktes ist damit immer die Situation, also das Reizumfeld, in dem sich der Konsument gerade befindet.[167]

Festzustellen ist, dass bei hohem Involvement auch ein extensiv ablaufender Kaufentscheidungsprozess stattfindet, welcher dem dargestellten Ablauf des extensiven Kaufentscheidungsprozesses entspricht. Hier werden Informationen gesucht und gesammelt, um später die vorliegenden Alternativen miteinander zu vergleichen. Bei einem niedrigen Involvement hingegen verläuft der Prozess gegensätzlich. Erst nachdem der Konsument mit dem Produkt in Kontakt getreten ist, werden Einstellungen gebildet, indem die gewählte Alternative bewertet wird. Dies geschieht ohne eine vorangegangene Informationsbeschaffung und Alternativbewertung.[168] Man kann sagen, es handelt sich um einen Kauf ohne gedankliche Kontrolle. Den wenig involvierten Personen fehlt das Engagement, sich mit einem Sachverhalt auseinanderzusetzen. Somit läuft die Informationssuche passiv ab und der Bedarf an Informationen ist sehr gering.[169] Hinsichtlich des Low-Involvements lassen sich zwei Arten der Kaufentscheidung differenzieren: Gewohnheitskäufe mit geringem Involvement (habituelles Kaufverhalten) und Erstkäufe mit geringem Involvement (Impulskäufe).[170]

7.3 Besonderheiten des Involvements bei reiferen Menschen

Die Wahl des Involvements als Erklärungsvariable für das Entscheidungs- und Informationsverhalten älterer Konsumenten fußt auf einer Reihe von theoretischen Überlegungen. Man geht z.B. davon aus, dass mögliche alterungsbedingte Beeinträchtigungen der Informationsaufnahme und -verarbeitung durch eine

---

[166] Vgl.: Hupp, 2000, S. 122
[167] Vgl.: Hupp, 2000, S. 123f
[168] Vgl.: Schmitz/Kölzer, 1996 S. 107
[169] Vgl.: Kölzer, 1995, S. 198
[170] Vgl.: Kölzer, 1995, S. 198

aufmerksame Zuwendung kompensiert werden können. Je stärker ein Konsument also in einer bestimmten Situation involviert ist, desto intensiver wird er sich mit einer Entscheidung oder Informationsquelle auseinandersetzen.[171] Es wird außerdem vermutet, dass auch die Verhaltensrelevanz eines Lebens- oder Konsumstils an ein hohes Involvement gebunden ist und dass dem Auftreten von Risiken in Entscheidungsprozessen möglicherweise erst dann eine verhaltenslenkende Konsequenz zukommt, wenn der betroffene Konsument bereits höher involviert ist.[172] A

Auch inwieweit ein Konsument zu einer Marke ein Treuverhältnis aufbaut und in der Zukunft aufrechterhält, hängt von der Stärke seines Involvements ab. Nur stark involvierte Konsumenten werden eine Produkt- oder Markenwahl gedanklich reflektieren und damit die Voraussetzung schaffen, dass sich eine positive Einstellung zu einer Marke oder einem Produkt herausbildet und verfestigt.[173]

Es stellt sich jedoch zunächst die Frage, inwiefern Best Ager in die verschiedenen Kaufentscheidungsprozesse eingeordnet werden können. Ohne eine tiefer gehende Beleuchtung dieser Frage könnte man annehmen, dass die reifere Generation eher zu habituellem Kaufverhalten neigt. Dies fußt auf Vermutungen, die davon ausgehen, dass sich Einstellungen und Verhaltensgewohnheiten im Konsum mit zunehmendem Alter stabilisieren, die Marken- und Geschäftstreue wächst und immer mehr Produkte aus einer langjährigen Konsumerfahrung und ohne gedanklichen Aufwand gekauft werden.[174] Begründet sein könnte dies u.a. aber auch darin, dass in der Altersgruppe 50plus evtl. mehr Güter des alltäglichen Gebrauchs gekauft werden. Mit dem habitualisierten Kaufverhalten verbindet man, wie bereits erläutert, auch eher ein geringes Involvement, das sich durch eine passive Informationsaufnahme widerspiegelt. Die aktive Informationssuche wird z.B. kompensiert durch bereits bestehende Konsumerfahrungen und Verhaltensgewohnheiten, auf die jüngere Zielgruppen noch nicht in diesem Maße zurückgreifen können. Kaufentscheidungen müssen in den jüngeren Segmenten auch vermehrt erstmalig getroffen werden, da in vielen Produktbereichen Erfahrungen fehlen und dementsprechend eine aktive Informationssuche oftmals die Basis für einen erfolgreichen Kauf darstellt.

---

[171] Vgl.: Hupp, 2000, S. 191
[172] Vgl.: Hupp, 2000, S. 192
[173] Vgl.: Hupp, 2000, S. 122
[174] Vgl.: Kölzer, 1995, S. 201

Allerdings können auch Produkte des alltäglichen Bedarfs für die besagte reifere Zielgruppe zu High-Involvement Produkten werden, indem verschiedene Angebote aus verschiedenen Geschäften miteinander verglichen werden. In diesem Fall setzt sich die betreffende Person zielgerichtet mit dem Produkt auseinander, das sie erwerben möchte. Man vergleicht die verschiedenen Alternativen, um eine rationale Entscheidung zu treffen. Mit Blick auf die zunehmende Austauschbarkeit und Gleichartigkeit von Produkten scheint dies nicht abwegig und sollte zumindest in Betracht gezogen werden.

Des Weiteren gehen viele Wissenschaftler davon aus, dass Menschen mit zunehmendem Alter das Interesse an bestimmten Warengruppen verlieren, aber gleichzeitig neue Warengruppen favorisieren. Diese Annahme wurde in Untersuchungen von AWA (Allensbacher Markt- und Werbeträgeranalyse) im Jahre 1992 zunächst bestätigt. Mit zunehmendem Alter wird das Interesse an Reisen, Wohnen/Einrichtung, Autos und Mode geringer. Dagegen nimmt das Interesse an gesunder Ernährung, Medizin und Garten- und Haushaltspflege zu.[175] Diesen Aussagen kann die neuste Erhebung des Statistischen Bundesamtes (siehe Abb. 12) jedoch nicht ganz gerecht werden. Nach einer Untersuchung von Konsumhaushalten in den verschiedenen Zielgruppen konnte festgestellt werden, dass sich gerade die Ausgaben für Freizeit, Unterhaltung und Kultur, sowie die Ausgaben für Beherbergungs- und Gaststättendienstleistungen im Alter von 25 bis 80 Jahren nur sehr geringführig ändern und gegenteilig eher noch verstärken. Auch nehmen die prozentualen Ausgaben für Innenausstattung und Haushaltsgeräte bzw. -gegenstände mit anderen Worten Ausgaben für Wohnen und Einrichtung, nur unerheblich ab. Ein jedoch nur unwesentlicher Unterschied besteht bei wirklich älteren Personen ab einem Alter von 80 Jahren und älter. Eine Aussage, die jedoch bestätigt werden kann, ist die prozentuale Steigerung der Ausgaben für Gesundheitspflege mit zunehmendem Alter. Dies kann zum einen daran liegen, dass sich kleinere Leiden prozentual erhöhen und kuriert werden müssen und zum anderen auch daran, dass das Bewusstsein der Prävention von Krankheiten zunimmt. Fast identisch bleibt das Verhältnis bei dem Konsum von Nahrungsmitteln, Getränken und Tabakwaren. Ein 45-Jähriger hat demzufolge fast die gleichen Ausgaben in diesem Segment wie ein 80-jähriger Konsument. Die Daten geben jedoch keine Rückschlüsse darüber, wie das entsprechende Verhältnis innerhalb der Positionen Nahrungsmit-

---

[175] Vgl.: Daten der AWA 1992 in Schmitz/Kölzer, 1996, S. 105

tel, Getränke und Tabakwaren liegt, und welche Nahrungsmittelschiene (Bio, Probiotik, Cholesterinsenkende Produkte etc.) präferiert wird. Auf Grund der Zunahme der Ausgaben für Gesundheitspflege könnte man hier jedoch auch stark annehmen, dass im Bereich Functional Food eine höhere Nachfrage durch die reifere Zielgruppe erfolgt. Auch entspricht die Erhebung über das Nachlassen des Interesses für bspw. Autos nicht mehr den realistischen Gegebenheiten im Markt.

Von den Kunden, die sich für einen Porsche entscheiden, ist bereits heute jeder dritte über 50. Man kann annehmen, dass gerade die Best Ager eine überaus interessante Zielgruppe beim Autokauf sind, da der Preis eher eine untergeordnete Rolle spielt und Marken wie Mercedes, Audi, BMW und Opel favorisiert werden.[176]

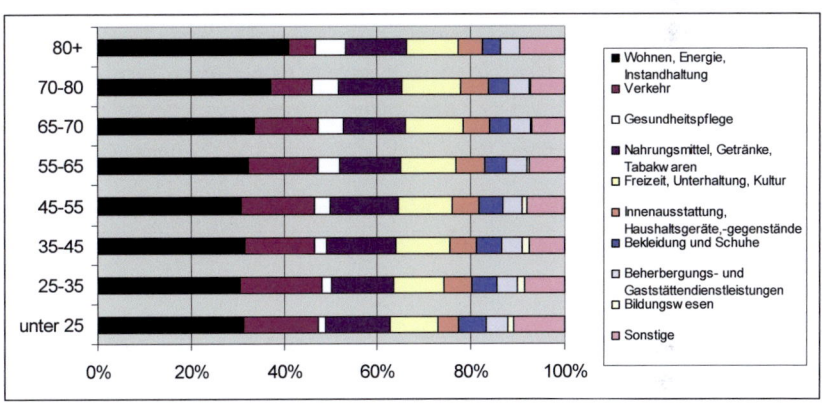

Abb. 12: Aufwendungen für private Konsumausgaben[177]

7.4 Kritische Bewertung des Involvements als Erklärungsvariable

Nach den oben geschilderten Ausführungen kann davon ausgegangen werden, dass ältere und reifere Menschen ebenso häufig in die Situation eines High-Involvement-Kaufes kommen wie jüngere Konsumenten. Wie bereits erwähnt, nimmt der Kunde bei einem solchen Kauf ein gewisses finanzielles, soziales, psychologisches oder auch gesundheitliches Risiko auf sich. Nicht nur die Tatsache, dass reifere Menschen nicht weniger als die jüngeren Zielgruppen ein hohes finanzielles Risiko

---

[176] Quelle: Perfect Ager 2010 Senioren am PoS, 2005, S. 3,
http://ifh-koeln.de/aktuelles/upload/1134048376.pdf, Stand: 14.12.2006
[177] Quelle: Statistisches Bundesamt (2004): Einnahmen und Ausgaben privater Haushalte.
Einkommens- und Verbrauchsstichprobe 2003, S. 76

eingehen z.B. beim Buchen einer Reise oder Kauf eines Autos etc. auch kann der Kauf eines Produktes abgesehen davon immer in enger Verbindung mit der Persönlichkeit und Selbsteinschätzung stehen. Dies spiegelt die bereits erwähnte Wichtigkeit der Einstellungen und Werte im Kaufprozess wider. Somit werden Produkte auch unabhängig vom Preis zu High-Involvement-Produkten, wenn diese im Moment des Kaufes die Persönlichkeit des Käufers ansprechen oder zu deren Verwirklichung beitragen.[178] Es kann also im höchsten Maße davon ausgegangen werden, dass Konsumenten mit zunehmendem Alter nicht automatisch resistent sind, was das Involvement betrifft. Bewusst werden sollte man sich in jedem Fall der Tatsache, dass ältere Konsumenten auch die erfahrenen Verbraucher sind, die auf Grund von Verhaltensgewohnheiten und Konsumkenntnissen auf eine andere Basis an Informationen zurückgreifen als jüngere Personen und diese auch dementsprechend anders verarbeiten. Veraltensgewohnheiten, die sich zumeist durch habituelles Kaufverhalten auszeichnen, sind jedoch kein Garant für die ständige Loyalität zur Marke. Basierend auf dem meist geringen Involvement bei diesen Käufen, kann sich der Konsument jederzeit für eine andere Marke entscheiden, wenn dies die Situation erfordert.

---

[178] Vgl.: Hupp, 2000, S. 208

8 Produkte und Dienstleistungen – Beispiele aus der Praxis

Seit dem Boom um die neue Generation der über 50-Jährigen versuchen sich Unternehmen mit Hilfe von neuen Produkten und durchdachten Vermarktungsstrategien in diesem Segment zu platzieren. Dabei lassen sich diese Firmen in zwei Bereiche einteilen. Die erfolgreichen, die mittels Konzept versuchen auf subtile und geschmackvolle Weise den reiferen Konsumenten anzusprechen, ohne dass dieser sich in eine Zielgruppe gedrängt fühlt. Und die weniger erfolgreichen, die oft unbewußt und vor allem unwissend typisieren und somit automatisch diskriminierend wirken. Im Anschluss soll auf eine Reihe von Praxisbeispielen eingegangen werden, die beispielhaft und vorbildlich bewiesen haben, dass mittels sensibler und durchdachter Ansprache auch die Zielgruppe 50plus erreicht werden kann. Vorgestellt wird hierbei das Produkt oder das entsprechende Unternehmen und die dazugehörige Marketing- und/oder Kommunikationsstrategie.

8.1 Der Nahrungsmittelmarkt

Fallbeispiel: Unilever mit dem Produkt *Becel pro-aktiv*

Die Firma Unilever hat bereits 1965 unter dem Markennamen *Becel* eine erfolgreiche Poduktreihe für cholesterinarme Nahrungsmittel auf den Markt gebracht. Die Produkte von *Becel* – wie beispielsweise fettreduzierte Diät-Margarine, „Becel Omega-3 Pflanzenöl", „Becel-Diät" für die warme Küche sowie diverse Wurst- und Käsesorten – sind für alle Personen geeignet, die einen leicht erhöhten Cholesterinspiegel haben und diesen aktiv senken wollen oder sich einfach nur cholesterinbewusst ernähren möchten. Die „Becel pro-activ Diät-Halbfettmargarine" war das erste Lebensmittel im deutschen Markt mit dem funktionalen Vorteil aktiver Cholesterinsenkung. Sie ist die einzige, die gemäß der europäischen Novel-Food-Verordnung[179] im deutschen Markt zugelassen ist.[180] Die Besonderheit von „Becel pro-aktiv" liegt darin, dass alle Produkte hochwirksame natürliche Pflanzenstoffe enthalten, die das Cholesterin aus dem Körper senken. Seit dem Jahre 2000 spricht Unilever speziell

---

[179] Anm.: Seit 15.5.1997dürfen neuartige Lebensmittel und Lebensmittelzutaten in der EU nur dann in Verkehr gebracht werden, wenn eine entsprechende Zulassung erteilt worden ist. Im Rahmen des Zulassungsverfahrens werden die Erzeugnisse einer umfassenden gesundheitlichen Bewertung unterzogen, um Verbraucher vor gesundheitlichen Risiken zu schützen. Quelle:http://www.bmelv.de/nn_753994/DE/02-Verbraucherschutz/Lebensmittelsicherheit/NovelFood.html__nnn=true; Stand: 19.12.2006

[180] Vgl.: Gassmann/Reepmeyer, 2006, S. 103f

mit dieser Marke die Zielgruppe der Kunden ab 40 Jahren an. Da alle „Becel proactiv" Produkte die strengen Kriterien der Novel-Food-Verordnung erfüllen, kann in der Produktwerbung optimal das Bedürfnis nach gesundheitlichem Wohlbefinden und Wellness angesprochen werden. Dies drückt sich bspw. in der Form aus, dass das Unternehmen beim Kauf eines Doppelpacks „Becel original" oder „Becel vital" sowie beim Kauf einer 250g Packung „Becel pro-activ" mit einem kostenlosen Schrittzähler als Zugabe wirbt. Gesundheitliche Prävention und eine gesunde Lebensweise sind in der reiferen Zielgruppe stärker verankert als bei den jüngeren Konsumenten. Zweistellige Wachstumsraten von „Becel pro-activ" beweisen die hohe Akzeptanz beim Verbraucher und symbolisieren ein außergewöhnlich gutes Markenimage sowie eine hohe Wiederkaufsrate. In der Fernsehwerbung werden stets Menschen der Altersgruppe ab 40 Jahren in typischen Lebenssituationen gezeigt.[181]

Abb. 13: Becel setzt auf Vitalität und Aktivität für eine strategische Zielgruppenansprache[182]

Der Erfolg der Marke bestätigt das Unternehmen Unilever mit seiner Produktreihe *Becel* und insbesondere „Becel pro-activ". Anstatt das Alter zu betonen, setzen Produkt und Werbung auf gesundheitlichen Mehrwert in Kombination mit Geschmack. Wie schon der Name verlauten lässt, steht die gesundheitliche Aktivität und nicht der Mangel an Gesundheit klar im Vordergrund. Viele Menschen, nicht nur im reiferen Alter, haben Probleme sich körperliche Einbußen einzugestehen. Somit ist die realistische Fokussierung auf Lebensfreude und Vitalität und dennoch auf ein

---

[181] Vgl.: Unilever, www.becelproactiv.de, Stand: 19.12.2006
[182] Quelle: Unilver, www.becelproaktiv.de, Stand: 19.12.2006

Produkt, das nicht Verzicht bedeutet, sondern der Optimierung der gesundheitlichen Verfassung dient, eine gelungene Strategie die Zielgruppe ab 50 Jahren anzusprechen.

Fallbeispiel: Danone mit den Produkten *Danone Actimel* und *Danone ACTIVIA*

Vor etwa zehn Jahren führte das Unternehmen Danone das Produkt „Actimel" ein - einen probiotischen Milchdrink, der laut Werbebotschaft („Actimel aktiviert Abwehrkräfte") helfen soll, die Abwehrkräfte zu stärken. „Actimel" avancierte zu einem Zugpferd des Unternehmens. Als eine wesentliche Ursache für den Erfolg des Produktes werden die „Actimel Testwochen" genannt, bei denen das Unternehmen garantiert, den Kaufpreis für 14 Flaschen Actimel zu erstatten, falls sich die Kunden nach der 14-tägigen Aktionszeit nicht besser fühlen. Im TV-Spot versichert ein bekannter Meteorologe vor verregneter Kulisse, dass er es selbst ausprobiert habe und „es funktioniere". Auch Nichtprominente jeder Altersklasse transportieren die Werbebotschaft für Danone. Zusätzlich verstärkt wird der Erfolg des Unternehmens durch das Produkt „ACTIVIA", einem neuen Joghurt mit der speziellen Kultur „Digestivum Essensis", welche die Verdauung natürlich regulieren soll. Dies belegen nach Aussagen des Unternehmens auch verschiedene wissenschaftliche Studien. Bei täglichem Verzehr soll schon nach 14 Tagen eine deutliche Verbesserung eintreten. Dabei garantiert das Unternehmen, dass auch Menschen ohne Verdauungsbeschwerden den „ACTIVIA" genießen können, da der Joghurt bei regelmäßiger Verdauung ausschließlich harmonisierend und nicht beschleunigend wirke.[183] Der aktuelle Werbespot dazu zeigt Frauen mittleren Alters, die in vitalen und aber dennoch alltäglichen Situationen über ihre Verdauungsbeschwerden berichten und feststellen, wie gut ihnen das Produkt geholfen hat. Beide Produkte kann man im Bereich Functional Food einordnen und beide Produkte verdeutlichen die Strategie des Unternehmens die Gesundheitsprävention eigenständig zu regulieren und dies schon ab jungem und spätestens ab mittlerem Alter. In erster Linie geht es dabei um die Verringerung von medizinischen Risikofaktoren in Form von bewusster und gesunder Ernährung. Dies soll letztlich dazu beitragen, das Wohlbefinden im Alter zu erhöhen.

---

[183] Vgl.: http://www.danone.de/; Stand: 21.12.2006

Beide Unternehmen, sowohl Unilever als auch Danone, haben somit einen Weg gefunden, eine Gesundheitsbotschaft an die Verbraucher weiterzugeben, ganz ohne den Gebrauch negativer Assoziationen hinsichtlich des Alters.

8.2.1 Haushaltsgeräte und Unterhaltungselektronik

Fallbeispiel: Miele Hausgerätehersteller

Für den Haushaltsgerätehersteller Miele aus Gütersloh ist die Generation 50plus die wichtigste aber dennoch schwierigste Kundengruppe: die wichtigste, da sich Miele hochwertig und hochpreisig am Markt präsentiert, was die gewisse Bereitschaft des Kunden voraussetzt, Geld investieren zu wollen: und die schwierigste, da die Zielgruppe ab 50 großen Wert auf Qualität legt und dennoch eine einfache sowie zweckmäßige Bedienung fordert. Die Maxime des Unternehmens „Immer besser" zu sein hat dessen ungeachtet nie an Gewicht verloren. Dazu kommt der Fakt, dass Miele selbst seinen Geräten eine Lebensdauer von ca. 20 Jahren bescheinigt. Produkte ausschließlich für reifere Verbraucher zu gestalten, hält das Unternehmen dagegen nicht für zweckmäßig. Man solle nicht annehmen, reifere Konsumenten wünschen alles simpler, denn gerade diese Zielgruppe ist an den Feinheiten eines Gerätes interessiert. Entscheidend sei, dass schon beim Einschalten des Geräts die Grundfunktionen nutzbar seien. Denn letztendlich sind die Nutzeranforderungen an moderne technische Geräte in jeder Altersgruppe gleich – „Bedienen können ohne Bedienungsanleitung". Das Unternehmen vertritt die Auffassung, universelle Lösungen ohne Zugangsbarrieren anzustreben. Dies führe zu Lösungen, die nützlich seien für eine größtmögliche Gruppe von Menschen.[184] In der Kommunikationsstrategie fährt Miele eine gerade Linie. Geschmackvolle, klassische und exklusive Produkte werden durch eine gleichermaßen stilsichere Werbung mit Personen aller Altersklassen präsentiert. Eine Herausstellung als „Seniorenprodukt" sowie die Ansprache persönlicher Defizite, die durch ein Miele Gerät kompensiert würden, findet nicht statt. Mensch und Produkt sollen gleichermaßen den hohen Wert eines Miele-Gerätes demonstrieren, sowie dessen Nutzerfreundlichkeit, einfache Bedienung und dennoch professionelle, aber sichere Handhabbarkeit herausstellen.

---

[184] Vgl.: absatzwirtschaft, 01/2006, S. 30f

Fallbeispiel: BSH Bosch und Siemens Hausgeräte GmbH

Auch die BSH Bosch und Siemens Hausgeräte GmbH vermeidet jede Ansprache von persönlichen Defiziten oder die Auslobung von Seniorenprodukten. Bei der Kommunikation besonders nutzerfreundlich gestalteter Hausgeräte betont das Unternehmen stattdessen die Zukunftssicherheit und stellt die einfache Handhabung der Produkte in den Vordergrund. Das Unternehmen kommunizierte unter der Marke Bosch ein Leicht-Bedien-Konzept und formulierte zu den vorgestellten Mikrowellengeräten den Slogan: „Einfach einstellen, starten und genießen". Die neuen Einbauherde folgen der Philosophie „Eines steht für uns immer im Vordergrund: Nutzerfreundlicher Bedienkomfort, professionelle Nutzung und sichere Handhabung." Unter der Marke Siemens wurde ein Geschirrspüler vorgestellt und präsentiert als „Der einfachste Geschirrspüler der Welt. Man räumt das Geschirr ein, egal, ob klassisch nach Hausfrauenart oder unkonventionell im Newcomer-Stil. Dann überprüft das Gerät die Beladungsmenge und den Anschmutzungsgrad und wählt das passende Programm selbst."[185] Somit bestätigt auch die Bosch und Siemens Hausgeräte GmbH das Konzept von Miele – eine intergenerative Produktgestaltung, die den verschiedensten Menschen aus unterschiedlichsten Altersgruppen zu Gute kommt.

8.3 Der Gesundheitsmarkt

Fallbeispiel: Pfizer mit dem Produkt *Viagra*

1991 startete das Pharma Unternehmen Pfizer die ersten klinischen Tests für ein geplantes Angina-Medikament mit menschlichen Testpersonen. Die erhoffte positive Wirkung der Substanz Sildenafil-Citrat, die die Behandlung von Angina durch Entspannung der Herzmuskeln erleichtern sollte, blieb jedoch aus. Im gleichen Jahr haben zwei Forscher von Pfizer bekannt gegeben, dass die entdeckte Substanz Sildenafil-Citrat möglicherweise gegen Potenzstörungen eingesetzt werden könnte. Nach erfolglosen weiteren klinischen Tests hinsichtlich der Wirksamkeit gegen Angina stellte man die Entwicklung des Angina Medikaments 1992 ein. Mit dem Wissen, dass als Nebenwirkungen u.a. Erektionen bei den Testpatienten auftraten, sah man jedoch die Möglichkeit, ein Medikament gegen Potenzstörungen zu

---

[185] Vgl.: Lohrum in Meyer-Hentschel/Meyer-Hentschel, 2006, S. 276f

entwickeln. Zwischen 1994 und 1997 führte Pfizer insgesamt 21 klinische Studien mit über 4.500 Testpersonen so erfolgreich durch, dass 1997 die Marktzulassung bei der Food and Drug Administration (FDA) in den USA beantragt werden konnte. Die FDA verlieh dem Medikament während der Prüfung einen Sonderstatus, weil es eine hohe medizinische Relevanz besaß und einen Quantensprung in der Therapie eines medizinischen Bedürfnisses darstellte. 1998 wurde die Zulassung für *Viagra* als ein Produkt erteilt, welches Potenzstörungen durch die Verabreichung einer einzigen Pille erfolgreich behandeln konnte. Innerhalb der ersten zwei Jahre nach der Zulassung in den USA wurde die Zulassung in 98 weiteren Ländern beantragt. Pfizer erzielte im Jahr 2004 mit seinem Produkt *Viagra* einen Umsatz von 1,7 Milliarden US$.[186] Auch wenn das Thema Potenzstörungen als Tabuthema gilt, ist das Medikament *Viagra* dennoch ein gutes Beispiel für ein Produkt, welches zu einem großen Teil eher die ältere Bevölkerung als Zielgruppe sieht, da sich Potenzstörungen mit zunehmendem Alter auf Grund von natürlichen Alterungsprozessen ebenfalls verstärken.[187] Der Markterfolg eines solches Produktes liegt in der Koppelung von neuen, innovativen Technologien mit Marktbedürfnissen. Die größten Innovationspotentiale liegen dort, wo Marktbedürfnisse und Innovationen in einem ausgewogenen Verhältnis zueinander stehen und dementsprechend vom Verbraucher als hilfreich und erforderlich wahrgenommen werden können.[188] Das Produkt *Viagra* kann zu der Kategorie von Medikamenten gezählt werden, die auf Grund der Wirkung die Lebensqualität erheblich steigern können.

8.4 Der Kosmetikmarkt

Fallbeispiel: Beiersdorf mit der Produktserie *Nivea Vital*

Bereits im Jahr 1994 hat der Hamburger Konzern Beiersdorf die Pflegeserie „Nivea Vital" zuerst in der Schweiz und dann in Deutschland auf den Markt gebracht. „Nivea Vital" wurde als Pflegeserie speziell für reifere Frauen eingeführt und wurde durch ein 52-jähriges Model mit grauen Haaren beworben.

---

[186] Vgl.: Gassmann/Reepmeyer, 2006, S. 58f
[187] Vgl.: http://www.mann-info.de/fuer_sie/informationen/
ursachen.htm?m=4106&sid=RYp4kMPit04AAThiXUo; Stand: 21.12.2006
[188] Vgl.: Gassmann/Reeppmeyer, 2006, S. 159f

Abb. 14: Das Werbegesicht für die Produktserie Nivea Vital[189]

Mit der Nivea-Line Extension „Nivea Vital" wendet sich das Unternehmen Beiersdorf seit 1994 gezielt an die „Generation 55plus", ohne dies jedoch explizit in der Werbung, auf der Produktverpackung oder auf dem Beipackzettel zu kommunizieren. Dafür wagte Beiersdorf als eine der ersten Firmen den Schritt, für die Markenkommunikation einer Neuprodukt-Entwicklung ein Model einzusetzen, welches nicht dem vorherrschenden „Jugendbild" entsprach. Obwohl die „Zumutbarkeit" eines gleichaltrigen Werbegesichts in der etwa fünfjährigen Entwicklungszeit der Produktlinie immer wieder zur Debatte stand, entschied sich Beiersdorf schließlich für ein Model jenseits der 50 und spricht auf diese Weise bis heute sehr erfolgreich die neue Zielgruppe über Mailings, TV und Printmedien an.[190] Bei der Kommunikation vermeidet das Unternehmen bewusst den Slogan „für Senioren" und hebt ausdrücklich die Vitalität älterer Menschen hervor. So ist auch nicht mehr von der „Anti-Falten-Wirkung" die Rede – vielmehr wird betont, dass die neue Creme die Haut angenehm „festigt und strafft". Beiersdorf gilt hier als Pionier, weil man es erfolgreich möglich machte, ein altersübergreifendes Produkt mit einer Zielgruppe, die von jugendlich bis weit über 55 reicht, auch mit älteren Models zu bewerben. Denn die Art und Weise

---

[189] Quelle: Beiersdorf AG, www.nivea.de, Stand: 21.12.2006
[190] Vgl.: Gassmann/Reepmeyer, 2006, S. 146f sowie Bonstein/Theile in Spiegel special, 08/2006, S. 29f

der Werbung für die Untermarke „Nivea Vital", wird vom Konsumenten unbewusst auch auf die Dachmarke *Nivea* übertragen.

Auch unter der Produktkategorie *Nivea Visage* führte der Konzern nun die Pflegeserie „DNAge" bestehend aus einer kombinierten Pflege für den Tag, die Nacht und die Augen ein. Mit dem Slogan „Älter werden ist Fakt, Älter aussehen ist jetzt Vergangenheit"[191] soll die Frau ab 40 motiviert werden, diese hauterneuernde Pflege zu benutzen. In dem entsprechenden Werbespot wirbt zwar kein Model mit grauen Haaren aber dennoch eine Frau mittleren Alters, die alles ausstrahlt, was sich vermutlich jede reifere Frau wünscht – Jugendlichkeit, Charme und Ausstrahlung in Verbindung mit einem abwechslungsreichen und aktiven Leben. Damit ist das Motiv der Werbung einmal mehr sehr realitätsnah gehalten - eine lächelnde Frau, die Lebensfreude ausdrückt.

Abb. 15: Das Werbegesicht für die Pflegeserie Nivea Visage DNAge[192]

So ist Beiersdorf in der Lage, mit seinen Produktserien „DNAge" und „Vital" zum einen das Segment ab 40 und zum anderen das Segment ab 60 abzudecken, ohne dies explizit zu kommunizieren.

---

[191] Vgl.: Beiersdorf AG, www.nivea.de, Stand: 21.12.2006
[192] Quelle: Beiersdorf AG, www.nivea.de, Stand: 21.12.2006

Fallbeispiel: Unilever mit dem Produkt *Dove*

Ebenfalls in der Kosmetikbranche hat der Konsumgüterkonzern Unilever 2004 mit der Werbekampagne „Campaign for Real Beauty" (auf dem deutschen Markt beworben als „Initiative für wahre Schönheit") Zeichen gesetzt. Die Kampagne ist das Ergebnis einer Studie, die aufzeigte, dass sich nur zwei Prozent der befragten Frauen für attraktiv halten und immer mehr Frauen manipulierte und retuschierte Werbebilder weder für erreichbar noch für erstrebenswert halten. Das Unternehmen regte eine öffentliche Debatte über „wahre Schönheit" an und hatte damit einen relativ großen Erfolg. Das Marketingkonzept darf insofern als gewagt bezeichnet werden, als dass die Werbestrategen des Unternehmens Models aus unterschiedlichsten Altersklassen unter Vertrag genommen haben. Die Kampagne bediente sich insbesondere der TV- und Printmedien, spezieller Events und einer eigens eingerichteten Internetplattform, die der interessierten Öffentlichkeit noch heute einen Gedankenaustausch ermöglicht. Insbesondere die strategisch platzierte überdimensionale Plakatwerbung, die in jeder größeren Stadt sichtbar war (sowohl an „klassischen" Werbepunkten wie Bushaltestellen als auch in Fitness-Studios und an Orten, die häufig von Frauen frequentiert werden), hat die Werbebotschaft bekannt gemacht und die „Schönheitsdebatte" neu eröffnet. Die Kampagnenmotive zeigen jeweils Bilder von Frauen unterschiedlichen Alters, die dem Betrachter jeweils die gleiche Frage stellen „Was denken Sie?" und zwei Antwortmöglichkeiten vorgeben, z.B. „Faltig? Fabelhaft?". Ganz bewusst wurde für die „Wahre-Schönheit-Kampagne" nicht mit Abbildungen von Top-Models oder Testimonials der Film- und Fernsehbranche gearbeitet, sondern mit „realistischen Frauen" aus allen Altersschichten, die keine typischen Model-Maße aufweisen und daher eine „erreichbare Schönheit" für jede Frau ausstrahlen. Eine Kampagne, die als generationenübergreifend wirksam beschrieben werden kann.

Abb. 16: Eines der Werbegesichter der Dove Kampagne "Initiative für wahre Schönheit"[193]

8.5 Die Unterhaltungs- und Kommunikationstechnologie

Fallbeispiel: Ebay

Auch das Unternehmen Ebay, ein weltweiter Online-Marktplatz, macht seit einiger Zeit erfolgreich Werbung mit reiferen Models. Das Hauptthema des neusten Werbespots ist der Spaß am Einpacken und Auspacken toller Geschenke. Das Motto dazu lautet, dass bei Ebay jeder genau das findet, was er will: die passenden Geschenke zum Verschenken und geschenkt bekommen. Dabei wird mit Hilfe unterschiedlichster Menschen und Situationen jenes verkörpert, was Ebay sein möchte - ein Marktplatz für Menschen jeder Altersgruppe, mit den unterschiedlichsten Wünschen und Bedürfnissen. Jeder soll von der Faszination des Bietens angesteckt werden und die Freude am Kauf eines „heiß" ersehnten Artikels bei Ebay spüren. Der allseits bekannte Slogan „3... 2... 1... meins!" wurde nicht nur im Fernsehen bekannt gemacht, sondern auch mittels Printwerbung. Somit gelang Ebay auf sehr subtile und dennoch emotionale Weise das Zusammenführen von Generationen, denen gemeinsam das Gefühl vermittelt werden soll, dass Ebay für jeden etwas im Sortiment hat. Zusätzlich sollte nicht unerwähnt bleiben, dass das Klischee, dass nur die jüngeren Generationen das Internet benutzen, durch Ebay nicht bestätigt wird, sondern das Unternehmen die Chancen wahrnimmt, die sich

---

[193] Quelle: Unilever, www.initiativefuerwahreschoenheit.de, Stand: 21.12.2006

durch die reiferen Konsumenten bieten. Denn bei den Online Nutzern über 54 Jahren gehört bei 43 Prozent der Gang ins Internet zum Alltag - Tendenz steigend.[194]

Abb. 17: Reifere Werbegesichter des ebay TV-Spots[195]

8.6 Der Freizeitmarkt

Fallbeispiel: TUI mit dem *Club Elan*

Im Segment Freizeitaktivitäten haben sich ganz besonders die Reiseanbieter mit separaten Angeboten für die reifere Zielgruppe etabliert. Diese haben versucht, sich mit speziellen Offerten auf die unterschiedlichen Bedürfnisse der Best Ager einzustellen und ihnen ein abwechslungsreiches, dynamisches und mit einem hohen Maß an Komfort ausgestattetes Reiseprogramm zu bieten. So wirbt der Reiseveranstalter TUI seit etwa drei Jahren an zehn verschiedenen Standorten für seinen „Club Elan". Der Slogan lautet: „Das Leben gemeinsam genießen".[196] Gemeinsam mit Gleichgesinnten die Freizeit gestalten, neue Eindrücke sammeln oder einfach nur die Seele baumeln zu lassen - dafür hat das Unternehmen den TUI Club Elan ins Leben gerufen. Alle TUI Urlauber sind in dieser Gemeinschaft herzlich willkommen. Dabei bleibt es den Reisenden überlassen, ob diese lieber einen aktiven Urlaub bevorzugen oder alles etwas ruhiger angehen lassen möchten.[197] Sicherheit und ein

---

[194] Vgl.: Gassmann/Reepmeyer, 2006, S. 199
[195] Quelle: Ebay AG, www.ebay.de, Stand: 23.12.2006
[196] Vgl.: Gassmann/Reepmeyer, 2006, S. 38 sowie Bonstein/Theile in Spiegel special, 08/2006, S. 29
[197] Vgl.: TUI, www.tui-club-elan.de, Stand: 23.12.2006

organisierter Komfort sind die Leitmotive, welche dem Touristikkonzern überproportionale Zuwächse beschert haben. Aber nicht nur der „Club Elan" ist auf die verschiedenen Bedürfnisse der reiferen Konsumenten ausgerichtet. Auch in diversen anderen Prospekten, in denen das Unternehmen separat für Wellness, Sport und Luxusreisen wirbt, wird sehr konsequent und feinfühlig auf die verschiedenen Mentalitäten und Stimmungslagen der Best Ager eingegangen. Mit Hilfe maßgeschneiderter Leistungspakete und psychologisch geschickter Ansprache ist TUI somit in der Lage einen großen Teil der reiferen Zielgruppe zu erreichen.

Abb. 18: aktuelle Werbebroschüre für den TUI Club Elan[198]

8.7 Fazit

Die oben angeführten Beispiele haben vielfach gezeigt, dass ein erfolgreiches Marketing-, Produkt-, oder Kommunikationskonzept den reiferen Konsumenten niemals über das Alter ansprechen sollte. Positive Aspekte des Alters sowie eine realistische Fokussierung auf Vitalität und Lebensfreude scheinen zumindest bei den beschriebenen Praxisbeispielen eine wirksame Methode zu sein, um die Best Ager als Kundengruppe gewinnen bzw. halten zu können.

---

[198] Quelle: TUI, www.tui-club-elan.de, Stand: 23.12.2006

9 Ansätze für einen Best Ager-gerechten Marketing-Mix

Nachdem elementare Ansätze zur Segmentierung der Zielgruppe 50plus geprüft wurden, stellt sich die Frage, welche und ob überhaupt separate Marketingstrategien in diesem Segment zu präferieren sind. In der Zielgruppenansprache der Best Ager haben bisher einige Anbieter z.b. die von Kosmetik- und Nahrungsmittel-Produkten durchaus geschickt gehandelt. Aber hier sind die Bedürfnisse der Best Ager vielleicht auch am offensichtlichsten: Gesundheit in Verbindung mit gutem Aussehen gelten als Voraussetzungen für ein aktives Leben. Dabei geht es weniger um die Heilung konkreter Krankheiten, sondern vielmehr um die Vorbeugung und die Förderung des Wohlbefindens. Damit wird die Prioritätenliste der Best Ager ganz oben getroffen, wodurch der Konsum dieser Produkte gesteuert wird. Es stellt sich jedoch immer noch die Frage, ob es sinnvoll und zeitgemäß ist, ein Marketingkonzept allein für die Zielgruppe 50plus zu gestalten, und wenn ja, welche Voraussetzungen erfüllt sein müssen, um eine gelungene Ansprache der Best Ager zu generieren? Bei der Planung des Marketing-Mix geht es um die Frage, welche Marketinginstrumente wie zu gestalten und mit welcher Intensität einzusetzen sind, um entsprechende Marketingziele zu erreichen.[199] Gemeint sind hier vier wesentliche Mittel:

- Produktpolitik
- Preispolitik
- Distributionspolitik
- Kommunikationspolitik[200]

Diese gilt es optimal, je nach Zielgruppe anzupassen und zu adaptieren. Im Markt um die Best Ager ruht die wesentlich Konzentration auf den Instrumenten Produktpolitik und Kommunikationspolitik, da hier die größtmöglichen Interaktionseffekte zwischen den beiden Instrumenten liegen. Aber auch die Praxisbeispiele haben gezeigt, dass sich in beiden Bereichen Erfolg versprechende Ansätze bieten. Dennoch wird auch auf die Preis- und Distributionspolitik eingegangen, um Möglichkeiten aufzuzeigen, einen sensiblen Markt auch in diesen Punkten zu bearbeiten bzw. zu erreichen. Die bereits herausgearbeiteten Ergebnisse werden dabei im nächsten Kapitel teilweise aufgegriffen und präzisiert. Um den Rahmen der

---

[199] Vgl.: Meffert, 1998, S. 881
[200] Vgl.: Trommsdorff, 2002, S. 22

Studie nicht zu überschreiten, werden nicht alle Leitfäden hinsichtlicht der Gestaltung des Marketing Mix aufgegriffen, sondern nur besonders aussagekräftige und als wirkungsvoll erachtete Punkte erläutert.

9.1 Produktpolitik

Die Produktpolitik steht im Zusammenhang mit allen Entscheidungen im Hinblick auf gegenwärtige bzw. zukünftige Produktangebote des Unternehmens. Dabei sind nicht nur die Produkte selbst, sondern auch die Wahrnehmung der Produkte durch die Kunden für den Erfolg des Unternehmens wichtig.[201]

Das Konzept, Produkte ausschließlich für ältere und reifere Konsumenten anzubieten, wird kontrovers diskutiert. Da sich die meisten Best Ager körperlich und geistig kaum von den jüngeren Zielgruppen unterscheiden ist nachzuvollziehen, dass sie sich generell nicht von diesen durch altersgerechte Produkte abgrenzen wollen. Dennoch muss und sollte unterschieden werden zwischen Produkten, die Scheininnovationen im Best Ager-Segment darstellen und solchen, die reelle Lösungen bieten und als solche letztendlich auch vom reiferen Konsumenten wahrgenommen werden. Dennoch ist auch hierbei davon abzuraten, Produkte speziell als Best Ager-Produkte zu deklarieren, sondern eher durch den Gebrauch von Synonymen auf die positiv wirkenden Effekte hinsichtlich des Alterungsprozesses zu verweisen. Dass dies bereits vielfach funktioniert hat, beweisen Nahrungsmittelhersteller und auch Kosmetikunternehmen (siehe dazu auch die Erläuterungen zu den Fallbeispielen von Unilever und Beiersdorf). Der Markterfolg eines solches Produktes liegt in der Koppelung von neuen, innovativen Technologien mit Marktbedürfnissen. Das Produkt oder die Dienstleistung muss demnach vom Verbraucher als hilfreich und erforderlich wahrgenommen werden können. Ein Markt, der davon ebenfalls profitiert, ist der für Haarfärbemittel. Neben den ersten Altersauswirkungen auf das Auge ist auch ganz besonders das Haar betroffen. Die Schauspielerin Iris Berben wirbt seit einiger Zeit für eine Coloration, die die Haarstruktur nicht angreift und das Haar im Glanz erstrahlen lässt. Dass die Coloration nebenbei auch die ersten grauen Strähnchen effektiv abdeckt, nimmt der Konsument zwar wahr, der Fokus liegt dennoch auf „Glanz" und „Sprungkraft". Berben selbst zählt ebenfalls zur Zielgruppe 50plus und genau wie das Model in der „Nivea vital"-Werbung verkörpert sie Stolz

---

[201] Vgl.: Homburg/Krohmer, 2003, S. 453

und Vitalität und bringt elegant die Erklärungen zum Produkt auf den Punkt. Die Werbestrategie teilt dem Konsumenten mit, was er hören möchte, vermittelt dennoch eine Exklusivität und die Werbenachricht wird zudem von einer Person transportiert, die den Zielpersonen ähnlich ist.

Bei den Produktinnovationen hingegen sollte niemals das primäre Ziel sein, neue Technologien auf reifere Verbraucher zuzuschneiden. Vielmehr geht es um einfache Strukturiertheit, Anwendbarkeit und Bedienbarkeit für alle Verbrauchergruppen. Auf diesen positiven Gesamteffekt wird auch beim Thema „Universal Design" verwiesen. Dies steht für barrierefreies Design, das keineswegs nur für ältere Menschen hilfreich ist, sondern sich an alle Menschen richten soll unabhängig von deren Alter.[202] Es wird davon ausgegangen, dass Firmen ihren potentiellen Kundenkreis maximieren können, wenn sie derartige Produkte anbieten.[203] Universal Design vermeidet dabei bewusst, die Betonung unterschiedlicher Fähigkeiten der Benutzer und Konsumenten und fußt auf folgenden Prinzipien:[204]

- Breite Nutzbarkeit – Das Design ist für Menschen mit unterschiedlichen Fähigkeiten nutzbar und marktfähig.

- Flexibilität in der Benutzung – Das Design unterstützt eine breite Palette individueller Vorlieben und Möglichkeiten.

- Einfache und intuitive Benutzung – Die Benutzung des Designs ist leicht verständlich, unabhängig von der Erfahrung, dem Wissen oder der momentanen Konzentration des Nutzers.

- Effektive Informationsgestaltung – Das Design stellt dem Benutzer notwendige Informationen zur Verfügung, unabhängig von der Umgebungssituation und den sensorischen Fähigkeiten.

- Fehlertoleranzen – Das Design minimiert Risiken und negative Konsequenzen von zufälligen oder unbeabsichtigten Aktionen.

- Geringer physischer Aufwand – Das Design kann effizient und komfortabel mit einem Minimum von Ermüdung benutzt werden.

---

[202] Vgl.: Jacobs in Jahrbuch Seniorenmarketing, 2006, S. 231 sowie Bonstein/Theile in Spiegel special, 08/2006, S. 30
[203] Vgl.: Gassmann/Reepmeyer, 2006, S. 118
[204] Vgl.: Jacobs in Jahrbuch Seniorenmarketing, 2006, S. 231 sowie Gassmann/Reepmeyer, 2006, S. 122

- Raum für Bewegungsfreiheit – Angemessene Größe und Platz für den Zugang, die Erreichbarkeit und die Benutzung unabhängig von Größe und Statur, Haltung und Beweglichkeit des Benutzers.

Dem ganz besonders verschrieben haben sich gegenwärtig schon die Hersteller von Hausgeräten. Wie bereits in den Praxisbeispielen aufgezeigt, gehen die Unternehmen Miele und BSH Bosch und Siemens Hausgeräte mit gutem Beispiel voran, indem sich deren Geräte durch eine übersichtliche Bedienstruktur und -oberfläche auszeichnen und dennoch ein hohes Maß an Design garantieren. Aber auch die Autohersteller beschäftigen sich heute vielfach, teilweise auch unbewusst, mit dem Thema Universal Design. Gurtbringer, hochpositionierte Sitze und Einparkhilfen werden montiert und als Gewinn für alle Autofahrer angepriesen.[205] Unternehmen haben bei der Nutzung der Universal-Design Strategie verschiedene Positionierungsmöglichkeiten.

Die erste Möglichkeit einer Strategie zum Universal Design liegt in der Best Ager-gerechten Vermarktung existierender Produkte. Diese Strategie beschäftigt sich lediglich mit der Umgestaltung des bisherigen Marketingkonzepts. Es wird versucht, die bislang ausgeschlossene Gruppe der reiferen Konsumenten gezielt in das Marketing für die bereits existierenden Produkte und Dienstleistungen zu integrieren. Eine Änderung der Produkte und Dienstleistungen findet dabei nicht statt. Lediglich die Ansprache wird den potentiell neuen Kunden angepasst. Diese Strategie stellt ein eher geringes Risiko dar, da mit kleinen Änderungen in der Kommunikation ein verhältnismäßig großer Markterfolg realisiert werden kann.

Die zweite Strategie beschäftigt sich mit der altersgerechten Umgestaltung bereits existierender Produkte. Dies bedeutet, dass alle bestehenden Produkte und Dienstleistungen systematisch analysiert werden, ob diese den Anforderungen des Universal Design gerecht werden. Erfüllen einige Produkte diese Kriterien nicht, wird versucht, diese entsprechend umzugestalten, dass sie auch von reiferen Konsumenten leichter und angenehmer in Anspruch genommen werden können. Der Einsatz dieser Strategie benötigt einen erhöhten Aufwand an Ressourcen. Es wird jedoch davon ausgegangen, dass die möglichen Umsatz- und Gewinnpotentiale dies wiederum kompensieren können.

---

[205] Vgl.: Bonstein/Theile in Spiegel special, 08/2006, S. 30

Mit der Entwicklung komplett neuer Produkte befasst sich die dritte Strategiemethode. Dabei ist das Unternehmen in der Lage, sich von Anfang an an den Prinzipien des Universal Design zu orientieren und diese konsequent zu befolgen. Dabei werden ältere Verbraucher bereits in die Entwicklungsphase neuer Produkte oder Dienstleistungen eingebunden, um sicherzustellen, dass diese den Kriterien des Universal Design auch ausreichend genügen. Auf Grund der langen Entwicklungszeit neuer innovativer Produkte wirkt sich der mögliche Einfluss auf Umsatz und Gewinn erst verhältnismäßig spät aus, verspricht dann jedoch maximale Ergebnisse.[206]

In der Gesamtheit kann gesagt werden, dass die Umsetzung des Universal Design nicht automatisch die Planung neuer Produkte bedeuten muss. In vielen Fällen reichen kleine Änderungen und Anpassungen, um den Bedürfnissen neuer Kundengruppen gerecht zu werden. Auch ist zu berücksichtigen, dass sich alle drei Strategien gegenseitig keinesfalls ausschließen müssen. Vielmehr kann man sie parallel anwenden. Abhängig ist dies im hohen Maße vom Produktangebot und der generellen Positionierung des Unternehmens. Der Einsatz dieses Instrumentes sollte immer situativ abgeschätzt werden. Da sich jedoch schon mit einfachen Mitteln relativ große Erfolge erzielen lassen, sollte dieser Methode im Bereich Produktpolitik eine angemessene Aufmerksamkeit entgegengebracht werden.

9.2 Preispolitik

Diese Komponente des Marketing Mix umfasst alle Entscheidungen hinsichtlich der Preisgestaltung für ein Produkt.[207]

Es stellt sich hierbei natürlich die Frage, inwieweit und anhand welcher Kriterien evtl. Preisdifferenzierungen im Best Ager-Segment durch das Unternehmen realisiert werden können. Wie bereits festgestellt, haben die Best Ager zwar oftmals überdurchschnittliche finanzielle Mittel zur Verfügung. Dies impliziert jedoch nicht, dass diese Zielgruppe bereit ist, nur im Premiumpreissegment zu kaufen. Bei der Festsetzung des Preises kann man davon ausgehen, je deutlicher für den Kunden Vorteil und Nutzen des Produktes erkennbar sind, desto eher ist dieser vermutlich bereit, Geld dafür zu investieren. Damit unterscheidet sich der reifere Konsument jedoch unwesentlich von den restlichen Verbrauchergruppen. Ein Kriterium, welches

---
[206] Vgl.: Gassmann/Reepmeyer, 2006, S. 123f
[207] Vgl.: Homburg/Krohmer, 2003, S. 453f

den Unterschied eher verdeutlicht, sind die bestehenden Möglichkeiten der Zielgruppe 50plus, Geld für bestimmte Produkte auszugeben. Denn wie in Kapitel 5.1.1 bereits eingehender erforscht, haben die Best Ager (hier bis 65 Jahre) ein überdurchschnittlich hohes Nettoeinkommen. Davon können einige Branchen tatsächlich profitieren. Zu nennen wären hier z.b. die Reisebranche oder auch die Automobilbranche. Der durchschnittliche Mercedes-Käufer ist z.B. 50 Jahre alt und der durchschnittliche 911er Porsche-Käufer hat ein Alter von 49 Jahren.[208] Die Möglichkeit sich ein überdurchschnittlich teures Auto zu kaufen bietet sich den meisten Menschen erst nach vielen „sparsamen" Jahren und gilt in Hinblick auf den Porsche als die Erfüllung eines lang ersehnten Traumes. Letztendlich vermittelt der Porsche aber auch das Gefühl von Prestige und symbolisiert, dass es seinem Fahrer finanziell gut geht. Die Firma Porsche setzt z.B. bei der Werbung für den „Cayenne" auf ein freies und intelligentes Spiel mit den Werten der Zielgruppe 50plus. Mit dem Werbetext „Freie Liebe. Bewusstseinserweiterung. Anti-Establishment. Eigentlich hatten sie ihre Ideale von früher nie aufgegeben. Cayenne. Der 3. Porsche."[209] wird bewusst auf die geprägten Wertvorstellungen der Best Ager angespielt. Man braucht zwar ein gewisses Alter, um sich den Porsche zu leisten, das muss jedoch nicht bedeuten, dass man trotz des Älterwerdens nicht auch ein gewisses Maß an Jugendlichkeit behält.

Dennoch muss bei preispolitischen Maßnahmen unterschieden werden zwischen Produkten, die dem Verbraucher das „Das bin ich mir wert"-Gefühl vermitteln und somit eine wesentlich höhere Preiselastizität zulassen, und Gütern, die zwingend notwendig im Alltagsgeschehen sind. Dass dies mit einer gut durchdachten Strategie jedoch auch in einem freien „Spiel" mit dem Alter enden kann, beweist das Unternehmen Apollo Optik. So lobt das Unternehmen ausdrücklich seinen Altersrabatt auf jedes Brillengestell aus. Der Kunde erhält beim Kauf einer Brille die Anzahl seiner Lebensjahre als Rabatt. Je älter also der Kunde, umso höher ist der finanzielle Vorteil, man könnte auch sagen je größer die Belohnung. Eine vergleichsweise clevere Strategie des Unternehmens, wenn man davon ausgeht, dass sich ab einem Alter von 40 Jahren die ersten „Alterserscheinungen" am Auge bemerkbar machen und der Besitz einer Lesebrille für viele unverzichtbar wird. Wenn der Konsument also ohnehin eine Brille erstehen muss, warum nicht mit dem bestmöglichen

---

[208] Vgl.: Heinritzi/ Blöd auf: www.focus.de/finanzen/boerse/aktien/megatrend_alter, „Mit den Alten Geld verdienen", Stand: 10.01.2006
[209] Vgl.: Gassmann/Reepmeyer, 2006, S. 148

Preisvorteil und dennoch einem hohen Maß an Service bei der Auswahl. Es muss die Überzeugung entstehen, dass eine qualitativ hochwertige Ware auch zu einem günstigen Preis erworben werden kann.

In Bezug auf preispolitische Maßnahmen kann dennoch explizit erwähnt werden, dass, auf Grund der positiven finanziellen Situation der Best Ager, hochpreisige Produkte grundsätzlich eine gute Chance haben, ihren Käufer in diesem Segment zu finden. Denn anders als bei den restlichen Zielgruppen muss der reifere Konsument nicht in dem Maße auf den Preis achten, wie es z.B. ein 20-Jähriger Student müsste. Allerdings immer mit der Maßgabe, dass der Preis auf einem bestimmten Niveau seine Berechtigung hat, z.b. die allseits bekannte und äußerst langjährige Nutzungsdauer von Haushaltsgeräten der Firma Miele oder die Erfüllung eines Jugendtraumes mittels Kauf eines Porsches.

9.3 Distributionspolitik

Die Distributionspolitik, auch Vertriebspolitik genannt, umfasst zum einen Entscheidungen über marktgerichtete akquisitorische Aktivitäten und zum zweiten Entscheidungen über vertriebslogistische Aktivitäten.[210]

Wenn es um die Betrachtung neuer Distributionsmöglichkeiten und -wege geht, liegt eine zunehmende Konzentration auf dem Element der Internetnutzung. Diese bietet wie keine andere technologische Entwicklung entscheidende und weit reichende Veränderungen, auch wenn es um alternative vertriebslogistische Aktivitäten geht. Diese Veränderungen können u.a. darum als entscheidend betrachtet werden, weil sie nicht nur neue Chancen als Absatzweg für Unternehmen bieten, sondern auch weil sie vor allem die mediale Grundlage für den Übergang in das Informationszeitalter bilden und damit gleichzeitig die verschiedenen kulturellen, sozialen, politischen und wirtschaftlichen Aspekte des Austauschens und Handels neuartig definieren. Ein Punkt, der deutlich macht, dass das Internet für Unternehmen gleichermaßen als Kommunikations- und Marketinginstrument fungieren kann. Denn nirgendwo sonst und bei keinem anderen Medium liegen Werbung und Verkaufsort so dicht beieinander. Wo der Kunde bei anderen Vertriebskanälen noch zum Telefon greifen

---

[210] Vgl.: Homburg/Krohmer, 2003, S. 454

muss, um seine Bestellung in einem Call Center aufzugeben, besteht beim Internet die Möglichkeit alles per Mausklick zu erledigen.

Im Bereich der Distributionspolitik ist der Vertrieb über das Internet ein stetig steigender und alternativer Kanal, um Produkte und Dienstleistungen zu verkaufen. Schon heute verzichtet kein Unternehmen auf eine Präsenz im Internet, um sich seinen aktiven und potentiellen Kunden vorzustellen. Die großen Versandkataloge bieten zudem die komplette Bestellung über das Internet und wollen damit neue Kunden gewinnen. Daneben biete der Vertrieb über das Internet enormes Einsparpotential vor allem im Bereich räumlicher und auch menschlicher Ressourcen.

Es stellt sich im Rahmen der Studie natürlich die Frage, wie sich das Medium Internet im Bereich Distributionspolitik für die Zielgruppe ab 50 Jahren zielgerichtet einordnen lässt: zumal die Abgrenzung zum Marketinginstrument Kommunikationspolitik sehr schwierig ist. Dennoch erfolgte die Einteilung im Bereich Distributionspolitik bewusst, da, wie bereits oben erwähnt, neue interaktive Absatzkanäle in den nächsten Jahren noch verstärkter zum Einsatz kommen werden. In Bezug auf die Zielgruppe 50plus sollte nicht vergessen werden, dass ein stetiger Zuwachs an Nutzern auch im Best Ager-Segment registriert wird.

Als weitere marktgerichtete akquisitorische Aktivität können spezielle PoS Maßnahmen an, für die Zielgruppe, relevanten Plätzen genannt werden. Exemplarisch wiederzugeben wäre hier die Promotion in der Apotheke bspw. mittels Aufsteller von Best Ager kompatiblen Produkten (z.B. Vitaminpräparaten). Gerade in der Gesundheitsprävention sind die Best Ager stark vertreten und bereit Geld zu investieren. Aber auch im Supermarkt ist diese Maßnahme nicht minder wichtig und bietet sich besonders im Bereich Functional Food an.

Aber auch im Einzelhandel bieten sich Möglichkeiten um die Generation 50plus explizit zu erreichen. Zu nennen wäre hier das Ausrichten von speziellen Kundenveranstaltungen bspw. im Bereich Mode. Dabei geht es um das gezielte Einladen von reiferen Konsumenten und das Gestalten einer kleinen Modenschau inklusive dem Reichen von Häppchen und Sekt. Hierbei ist nicht nur das Ausrichten der gezeigten Modelle auf die reifere Zielgruppe viel versprechend, auch die besondere Art der

Versorgung schafft eine Atmosphäre, die dem Kunden das Gefühl gibt, dass dieser es wert ist.

9.4 Kommunikationspolitik

Die Kommunikationspolitik bezieht sich auf alle Entscheidungen im Hinblick auf die Kommunikation des Unternehmens am Markt.[211] Es sollte angemerkt werden, dass auch die Gestaltung kommunikationspolitischer Maßnahmen ein umfassend diskutiertes Gebiet im Marketing für reifere Konsumenten darstellt. Viele Unternehmen sehen in der Best Ager-spezifischen Ansprache die Möglichkeit, dieses Segment gezielt ansprechen zu können. Andere Unternehmen hingegen versuchen über eine „verdeckte" Ansprache die älteren Verbraucher zu erreichen.

Es gibt zwei wesentliche Möglichkeiten, den Markt der älteren und reiferen Konsumenten zu bearbeiten. Der erste Weg gilt als der langwierigere, da der Konsument schon in jungen Jahren an das Produkt gebunden werden soll, damit er dieses bis ins hohe Alter kauft. Diese Vorgehensweise hat indessen den Vorteil, dass junge Konsumenten die längste Spanne ihres Lebens noch vor sich haben. Jedoch kann, beim alleinigen Setzen auf altbewährte Konzepte, der Nachteil entstehen, dass resultierend aus den demographischen Veränderungen, zunehmend auf einem schrumpfenden Markt agiert wird. Die zweite Möglichkeit basiert auf Kommunikationskonzepten, die sich direkt an ältere Verbraucher wenden. Dies hat wiederum den Vorteil, dass schon jetzt an einem Markt partizipiert werden kann, von dem man annimmt, dass dieser in den nächsten Jahren noch weiter wachsen wird.[212] Hierbei lassen sich zwei grundsätzliche Ansätze unterscheiden: Zum einen ein Integrationsmarketing, welches junge und ältere Zielgruppen übergreifend anspricht, in dem die Bedürfnisse der reiferen Generation jedoch explizit berücksichtigt werden; und zum anderen ein generelles Best Ager-Marketing, welches die Älteren zielgruppenspezifisch bedient (siehe Abb. 19).[213]

---

[211] Vgl.: Homburg/Krohmer, 2003, S. 454
[212] Vgl.: Gaube, 1995, S. 140f
[213] Vgl.: Gassmann/Reepmeyer, 2006, S. 141

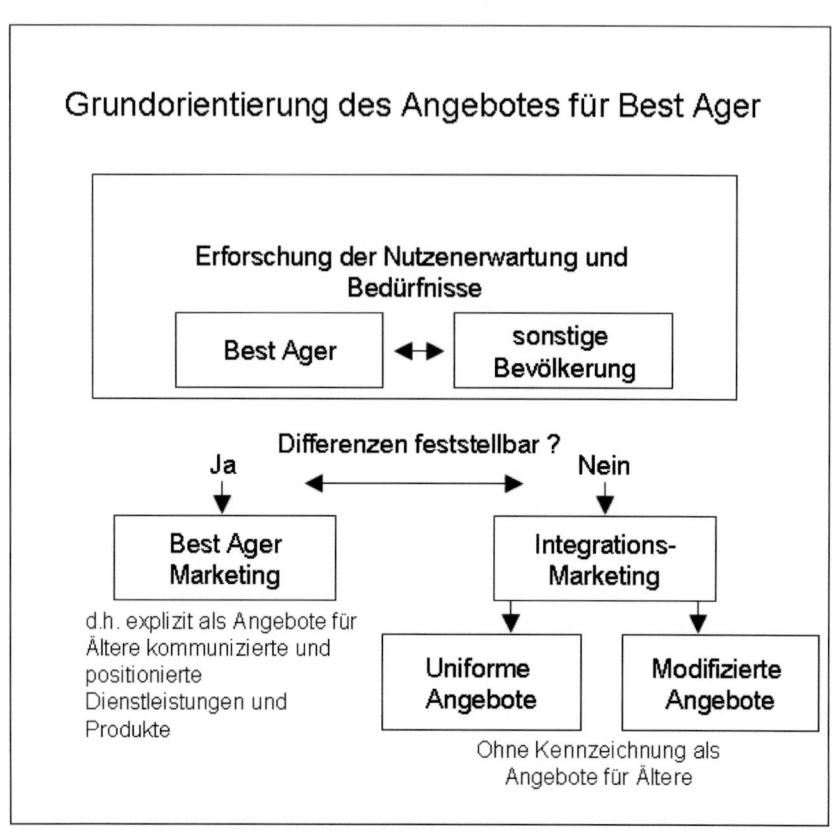

Abb. 19: Mögliche Marketingstrategien im Best Ager-Segment[214]

Ein eigenständiges Best Ager-Marketing bietet sich jedoch nur an, wenn auch deutliche Differenzen zur übrigen Bevölkerung feststellbar sind. Durchgeführt wird dies heute sehr geschickt bei Arznei- oder medizinischen Hilfsmitteln aber ganz besonders im Bereich der Kosmetika (siehe dazu Fallbeispiel Beiersdorf mit „Nivea Vital"). Mit viel Sensibilität und Kreativität werden reifere Frauen „direkt" angesprochen. Sind jedoch für den reiferen Konsumenten keine wirklichen Differenzen feststellbar, ist eher ein Integrationsmarketing ratsam. Hier können wiederum zwei Vorgehensweisen unterschieden werden. Zum einen besteht die Möglichkeit, uniforme Angebote für alle Altersklassen anzubieten, die die Bedürfnisse der Best Ager mit einschließen. Zum anderen werden modifizierte Produkte angeboten, die

---

[214] Vgl.: Gaube, 1995, S. 142

mögliche altersbedingte Beeinträchtigungen verringern, ohne dies jedoch explizit zu bewerben oder sie als gesonderte „Seniorenprodukte" zu deklarieren.[215] Als Beispiel dafür wären z.B. die Produkte von Becel zu nennen. Die Kommunikation geht bei diesen Produkten über die Funktionalität und den gesundheitlichen Mehrnutzen und wird so den Bedürfnissen der Best Ager, voll und ganz in der Gesellschaft integriert zu sein, bestmöglich gerecht. Dazu kommt der Fakt, dass die Werbebotschaft von Personen transportiert wird, die dem Empfänger der Informationen ähnlich sind oder zumindest ein Bild verkörpern, wie sich die Best Ager selber gerne sehen würden. Mit der Maßgabe, dass sich Best Ager wesentlich jünger fühlen als sie sind, ist eine grundsätzliche Ablehnung der Zielgruppe von speziellen und seniorengerechten Werbestrategien durchaus verständlich. Anhand der oben genannten Fallbeispiele konnte dennoch aufgezeigt werden, dass bei einem erkennbaren und relevanten Nutzenvorteil (z.B. Aufrechterhaltung der jugendlichen Schönheit durch besondere Kosmetika) die Akzeptanz der Zielgruppe für ein „altersentsprechendes" Produkt sehr wohl ausgeprägt sein kann. Dies impliziert jedoch nicht, dass man dies in der Ansprache ebenfalls kommunizieren sollte. Eine wirkungsvolle Methode scheint dagegen die Fokussierung auf Lebensfreude und Vitalität zu sein und Integrität und Ehrlichkeit herauszustellen. Es kommt nämlich vielmehr darauf an, was der reifere Verbraucher hören will und nicht drauf, was das Unternehmen diesen mitteilen möchte. Kommunikation funktioniert, indem man den Menschen etwas für sie Interessantes, Nützliches oder Aufregendes zeigt. Wenn man das tut, selektiert sich die Zielgruppe von ganz alleine.[216]

Ein weiterer Erfolg versprechender Faktor in der Kommunikation könnte der Einsatz von Generationenmarketing sein. Zeigt man reifere Menschen zusammen mit anderen Generationen oder Werbung, die alle Generationen miteinbezieht, so kann diese Form der Kommunikation als intergenerativ bezeichnet werden.[217] Dies wäre gerade für Unternehmen zu empfehlen, die einen Imageverlust bei der alleinigen Abbildung von älteren Personen befürchten. Abgesehen davon bietet dieser Ansatzpunkt ganz besonders psychologisch Potential. Denn die Kindheit z.B. ist eine Phase, die einen Menschen sehr prägt und somit sehr stark mit Bildern und Traditionen verbunden ist. Der Werbespot von *Werther`s Echte* schlägt z.B. eine Brücke zwischen den Generationen. Der Großvater erinnert sich, wie er selbst als

---

[215] Vgl.: Gaube, 1995, S. 143
[216] Vgl.: Meyer-Hentschel/Meyer-Hentschel, 2004, S. 31
[217] Vgl.: Krieb in Krieb/Reidl, 2001, S. 80

Kind gern Sahnebonbons gegessen hat und schenkt sie deshalb seinem Enkel. Die Großvater-Enkel Situation hat sich auch der Brillenanbieter *Fielmann* zu Herzen genommen und in seinem neusten TV-Spot abgebildet. In diesem sieht man zwei kleine Kinder gemeinsam mit einem gut aussehenden reiferen Mann, die sich die Videoaufnahme eines Mannes aus Jugendjahren anschauen. Die Kinder fragen den Mann, den sie mit Opa anreden, anschließend, warum er da noch so „bescheuert" aussähe. Die Antwort des Großvaters lautet: „Fielmann gab's damals noch nicht." Damit gelingt Fielmann auf geschickte Art und Weise, dem Kunden das Gefühl zu vermitteln, dass das Tragen einer Brille dem Aussehen nicht schaden muss. Es kann gegenteilig eher die Attraktivität fördern, was sogar den Kindern aufgefallen ist, die ihren Großvater nun interessanter finden als in Jugendjahren. Ganz nebenbei wird den Kindern zusätzlich vermittelt, dass man nur zu Fielmann gehen muss, um auch mit Brille attraktiv und „jung" zu wirken.

Aber auch die Kommunikationsstrategien von *Dove* (siehe dazu Fallbeispiel Unilever mit dem Produkt Dove) und *Ebay* (siehe dazu Fallbeispiel Ebay) wollen demonstrieren, dass für alle Generationen etwas dabei ist und die Faszination für die Pflegeserie von Dove und Ebay als Onlinemarktplatz alterslos ist. Der Vorteil einer generationenübergreifenden Darstellung ist zweifellos, dass alle gewünschten Zielgruppen erreicht werden und niemand ausgeschlossen wird. Zudem gelingt es mit dieser Art der Kommunikation, die befürchtete „Veralterung" der Marke zu vermeiden, da nicht nur reifere Personen abgebildet werden.

Die Erkenntnis, welche Variante, ein explizites Best Ager-Marketing, ein integriertes Marketing oder auch ein generationenübergreifendes Marketing, die sinnvollere ist, sollte abhängig vom Produkt und Unternehmen getroffen werden. Eine pauschale Wahl eines der genannten Instrumente kann nicht getroffen werden, da es sehr wohl Unternehmen gibt, deren Kommunikationsstrategie kategorisch und vor allem erfolgreich auf reifere Konsumenten ausgerichtet ist. Die richtige Strategie im Best Ager-Segment scheint davon abhängig zu sein, inwieweit das Produkt oder auch die Dienstleistung abhängig ist von Best Ager spezifischen Einflussgrößen oder Nutzenvorteilen.

10 Schlussbetrachtung

In den vorliegenden Ausführungen wurde gezeigt, dass beim Prozess des „Älterwerdens" viele Einflüsse eine Rolle spielen und sich diese nicht über die einzelne Dimension des chronologischen Alters definieren lassen. Aber auch biologische, psychologische oder soziologische Veränderungen lassen sich nicht allein und generell über das Alter erklären. Man kann sagen, dass „Altern" ein höchst individueller und sensibler Prozess ist, der keinem einheitlichen Muster unterliegt.

Sinnvoll ist eine Marktsegmentierung aber nur dann, wenn sich die Best Ager von den anderen Zielgruppen ausreichend abgrenzen lassen. Dies hat sich jedoch als schwierig erwiesen. Es gibt keine allgemeingültige Grenze, ab der man sagen kann, dass ein Mensch als „alt" gilt. Basierend auf der Abgrenzungsmethode anhand des Lebensstils ist es jedoch zumindest ausführbar, eine Eingrenzung vorzunehmen, die es möglich macht, die reiferen Verbraucher differenzierter zu betrachten. Abhängig ist die Betrachtung und Einteilung jedoch weiterhin von den Produkten, Maßstäben und Ansprüchen des jeweiligen Unternehmens. Grundsätzlich kann man aber davon ausgehen, dass sich die Gruppe der Best Ager in zwei wesentliche Stammgruppen teilt, nämlich die der „jungen Alten" und die der „älteren Alten", für die die Bezeichnung Senioren durchaus zutreffend scheint. Die „jungen Alten" hingegen, sehen sich lange nicht als Senioren und definieren sich eher über Attribute wie dynamisch und aktiv. Sie beanspruchen aber dennoch Produkte, die ihnen dabei helfen, diesen Zustand so lange wie möglich zu erhalten. Aber auch hier ist es nicht möglich eine konkrete Abgrenzung nach dem Alter vorzunehmen, denn es gibt auch 70-jährige Konsumenten, die sich persönlich noch zu den „jungen Alten" zählen und auch so behandelt werden wollen.

Ebenso schwierig wie die Abgrenzung der Best Ager anhand des Alters gestaltet sich die generelle Positionierung für oder gegen ein Best Ager-Marketing. Es gibt Unternehmen, die es schon heute sensibel und clever verstanden haben, den Markt der reiferen Konsumenten zu erobern. Gezeigt hat sich, dass sich eine gezieltere Ausrichtung der Kommunikation auf die Zielgruppe 50plus vor allem in solchen Bereichen lohnt, in denen sich Ansprüche und Bedürfnisse klar und deutlich von denen der jüngeren Zielgruppe abgrenzen. Zu nennen wären hier u.a. Produkte und Dienstleistungen, die der Gesundheit und dem körperlichen Wohlbefinden dienen.

Dennoch sollte auch hierbei unterschieden werden, wie die kommunikationspolitischen Maßnahmen bestmöglich ausgerichtet werden können, um einen hohen Identifikationsgrad durch die Zielgruppe zu generieren. Der Erfolg basiert weitestgehend auf der Tatsache, Best Ager nicht explizit als diese anzusprechen, sondern als mobile und aktive Personengruppe zu definieren, die sich in ihren Wünschen und Motiven vielmehr an den jüngeren Zielgruppen orientieren als vermutet. Auch die gängige Literatur bestätigt die Vorgehensweise, die Gruppe der 45-Jährigen anzusprechen, wenn man die 60-Jährigen erreichen will.[218] Die fußt auf der Tatsache, dass sich die Best Ager bis zu 15 Jahre jünger fühlen, als sie sind.

Produkte und Dienstleistungen dagegen, welche die besonderen Bedürfnisse der älteren Kundengruppen adäquat berücksichtigen, kommen häufig allen Kundengruppen zu Gute. Ein reines Best Ager-Marketing ist sehr Produkt- und Firmenabhängig und kann sich schnell auch als kontraproduktiv erweisen, da wie bewiesen, das demographische Kriterium Alter allein nicht immer geeignet ist, Werte, Einstellungen und Verhalten von Zielgruppen näher zu definieren. Ein strategisch ausgearbeitetes „Integrations-Marketing" blendet daher das Alter als Basis für Zielgruppenbetrachtungen und -ansprachen weitestgehend aus und bietet gegenüber dem klassischen Marketingansatz den Vorteil, ein größeres Publikum anzusprechen, da es grundsätzlich keine Kundengruppen ausschließt. Ein erfolgreiches „Integrations-Marketing", welches glaubwürdig auf universellen bzw. altersunabhängigen Produktanforderungen basiert, erhöht außerdem den Reiz eines Produktes oder einer Marke insbesondere für ältere Kundengruppen, da diese sehr stark auf den Inhalt und die Authentizität der vermittelten Botschaften achten. In vielerlei Hinsicht wird diese Strategie des Marketings den besonderen Anforderungen einer gelungenen Zielgruppenansprache der Generation 50plus gerecht. Insbesondere gilt dies für die Forderung nach dem Einsatz solcher Models, die ihrem Alter entsprechend gut aussehen und so einen hohen Identifikationsgrad widerspiegeln. Somit kann sich ein strategisch gut durchdachtes „Integrations-Marketing" durchaus zu einem Wettbewerbsvorteil entwickeln. Dazu gehört die Anpassung von Produktausstattungen und Dienstleistungen auf der Basis von „Universal Design" sowie eine entsprechende Zielgruppenansprache.

---

[218] Vgl.: Gassmann/Reepmeyer, 2006, S. 147

Im Fazit lässt sich feststellen, dass der Kunde künftig wohl noch verstärkter als „alterslos" betrachtet und dementsprechend über seine Bedürfnisse angesprochen werden sollte. Allgemeingültige Strategien, um auf dem „reifen Markt" erfolgreich auftreten zu können, gibt es nicht. Vielmehr sind diese stark vom jeweiligen Unternehmen, aber ganz besonders vom individuellen Produkt abhängig.

Literaturverzeichnis

Becker, H.: Die Älteren. Zur Lebenssituation der 55- bis 70jährigen. Infratest Sozialforschung, Sinus Institut, 2. Aufl., Friedrich-Ebert Stiftung, Bonn 1993

Bonstein, J., Theile, M.: Methusalems Märkte, in: Spiegel special, 08/2006, S. 28-30

Büllingen, F.: Die Entwicklung des Seniorenmarktes und seine Bedeutung für den Telekommunikationssektor, Bad Honnef 1996

Clemens, W., Backes, G. M.: Altern und Gesellschaft, Leske + Budrich, Opladen 1998

Fösken, S.: Der Mensch steht im Vordergrund, in: absatzwirtschaft, 01/2006, S. 30-32

Fösken, S.: Wo „alt" drin ist, darf nicht „alt" draufstehen, in: absatzwirtschaft, 01/2006, S. 42f

Foscht, T., Swoboda, B.: Käuferverhalten, Gabler Verlag, Wiesbaden 2004

Gassmann, O., Reepmeyer, G.: Wachstumsmarkt Alter, Carl Hanser Verlag, Wien 2006

Gaube, G.: Senioren – der Zukunftsmarkt, Ettlingen 1995

Haimann, R.: Alt! Wie die wichtigste Konsumentengruppe der Zukunft die Wirtschaft verändert, Redline Wirtschaft, Frankfurt am Main 2005

Hanser, P.: Vom Jugendwahn zur Alterskultur, in: absatzwirtschaft, 01/2006, S. 26-29

Hock, E.-M., Bader, B.: Kauf- und Konsumverhalten der 55plus-Generation, THEXIS, St. Gallen 2001

Hölper, S.: Wie vom Seniorenmarkt profitieren, BBE-Verlag, Köln 2002

Höpflinger, F., Stuckelberger, A.: Demographische Alterung und individuelles Altern, Seismo Verlag, Zürich 2000

Homburg, C., Krohmer, H.: Marketingmanagement, Gabler Verlag, Wiesbaden 2003

Horx, M.: Trendbüro – Megatrends für die späten neunziger Jahre, Düsseldorf 1995

Hupp, O.: Seniorenmarketing, Verlag Dr. Kovac, Hamburg 1999

Jankowski, J., Neundorfer, L.: Selbstbild und Fremdbild der Zielgruppe 50plus in der Werbung, Reinhard Fischer Verlag, München 2000

Kölzer, B.: Senioren als Zielgruppe - Kundenorientierung im Handel, Deutscher Universitäts Verlag, Wiesbaden 1995

Krieb, C., Reidl, A.: Seniorenmarketing, Verlag Moderne Industrie, Landsberg/Lech 2001

Mefffert, H.: Marketing, 8. Aufl., Gabler Verlag, Wiesbaden 1998

Meyer-Hentschel, H., Meyer-Hentschel, G.: Seniorenmarketing, Business Village, Göttingen 2004

Meyer-Hentschel, H., Meyer-Hentschel, G. (Hrsg.): Jahrbuch Seniorenmarketing 2006/2007, Deutscher Fachverlag, Frankfurt am Main 2006

Michael, B. M.: Werkbuch - Warum ignoriert das Marketing die kaufkräftigste Generation aller Zeiten: die Generation 50plus, Düsseldorf 2005

Niejahr, E., Rohwetter, M.: Lasst sie jung aussehen, in: Die Zeit, 04/2004, http://www.zeit.de/2003/04/Handel_und_Senioren, (Stand: 03.12.2006)

o.V.: Best Age Report, 01/2005, Bauer Media KG, www.web-objects.info/senioragency/index.php?id=36; (Stand: 30.09.2006) o.V.: Einnahmen und Ausgaben privater Haushalte. Einkommens- und Verbrauchsstichprobe 2003, Statistisches Bundesamt (2004), S. 29

o.V.: TNS Emnid Studie „Die freie Generation 2006", durchgeführt für KarstadtQuelle Versicherungen, www.karstadtquell-Versicherungen.de/downloads/studie45plus/ freie_generation.pdf, S. 11, (Stand: 26.10.2005)

o.V.: TNS Infratest, http://www.tns- infratest.com/02_business_solutions/ SemiometrieDownload/download_semiometrie.asp, (Stand: 23.10.2006)

o.V.: Perfect Ager 2010 Senioren am PoS, 2005, S. 3, http://ifh-koeln.de/aktuelles/upload/1134048376.pdf, (Stand: 14.12.2006)

Pepels, W. (Hrsg.): Marktsegmentierung, Sauer-Verlag, Heidelberg 2000

Pötzl, N. F.: Handeln statt Jammern, in: Spiegel special, 08/2006, S. 7-20

Rothkirch, C. v. (Hrsg.): Altern und Arbeit: Herausforderung für Wirtschaft und Gesellschaft, Rainer Bohn Verlag, Berlin 2000

Schirrmacher, F.: Das Methusalem-Komplott, Karl Blessing Verlag, München 2004

Schmitz, C. A., Kölzer, B.: Einkaufsverhalten im Handel, Verlag Vahlen, München 1996

Stegmüller, B.: Internationale Marktsegmentierung als Grundlage für internationale Marketing-Konzeptionen, Verlag Josef Eul, Bergisch Gladbach-Köln 1995

Trommsdorff, V.: Konsumentenverhalten, 4. Aufl., Verlag W. Kohlhammer, Stuttgart 2002

Wittmann, H.: Ältere Menschen als Bankkunden, Verlag Peter Lang, Frankfurt am Main 1990

Internetseiten:

www.becelproactiv.de

www.bmelv.de

www.danone.de

www.destatis.de

www.dia-vorsorge.de

www.doku.iab.de

www.dove.de

www.ebay.de

www.focus.de

www.ifh-koeln.de

www.initiativefuerwahreschoenheit.de

www.karstadtquelle-versicherungen.de

www.mann-info.de

www.nivea.de

www.tui-club-elan.de

www.web-objects.info

www.zeit.de

Rafael Grieger

Das Informationsverhalten der Best Ager

Eine empirische Studie am Beispiel der Unterhaltungselektronik

Diplomica 2008 / 140 Seiten / 49,50 Euro

ISBN 978-3-8366-0840-4

EAN 9783836608404

„Erstmal mach ich mich schlau... überwiegend im Internet. Ja. Erstmal Stiftung Warentest im Internet. Früher hab ich sie mir gekauft. Heute brauch ich sie nicht mehr. Und wenn ich wirklich beabsichtige, mir ein Produkt zu kaufen, dann drucke ich mir die Testberichte auch aus. Die muss ich dann bezahlen, aber da hab ich mir ein Konto anlegt. Und wenn es wirklich wichtig ist, dann ziehe ich es mir auch runter und druck es aus. Das ist also der erste Schritt."

Dieser Kommentar entstammt aus einer qualitativen Vorstudie, die im Rahmen des vorliegenden Buchs durchgeführt wurde. Die Probandin sollte in diesem Zusammenhang beschreiben, wie sie ihre Informationssuche beim Kauf eines Fernsehers gestaltet. Die Antwort erscheint auf den ersten Blick nicht ungewöhnlich, bedenkt man aber, dass es sich bei der Probandin um eine Seniorin von 64 Jahren handelt, dann wirft die Aussage interessante Fragestellungen auf.

Ziel des Buchs ist die empirische Untersuchung des senioralen Informations-suchverhaltens und dessen Einflussfaktoren beim Kauf von Unterhaltungselektronik. Dabei gilt es für das Informationssuchverhalten herauszufinden, inwieweit die Intensität der Suche, die Nutzung unterschiedlicher Quellen sowie die Bedeutung einzelner Produktmerkmale innerhalb der Generation 60plus variieren. Des Weiteren will die vorliegende Untersuchung ein Modell entwickeln und prüfen, in dem unterschiedliche Einflussfaktoren auf die Informationssuche von Senioren einwirken. Die so generierten Ergebnisse sollen schließlich in theoretischer sowie praxisorientierter Hinsicht besprochen werden und Hinweise auf eine zielgruppen-spezifische Ausgestaltung der Marketingmaßnahmen im Elektrofachhandel geben.

Jan Winkler

Konsumverhalten von Senioren

Unterschiede zwischen den alten und neuen Bundesländern

Diplomica 2008 / 88 Seiten / 29,50 Euro

ISBN 978-3-8366-0985-2

EAN 9783836609852

Der demographische Wandel wird in der nächsten Generation dazu führen, dass mehr als 40% der Konsumausgaben von über 60-jährigen getätigt werden. Die Zielgruppe „Senioren" rückt damit zunehmend in den Fokus der Marketingforschung. Die vorliegende Studie gibt einen Überblick über das Konsumverhalten von Senioren.

Anhand von welchen Kriterien treffen die „Best Ager" ihre Kaufentscheidung? Welche Rolle spielen Marke, Preis, Qualität? Welche Bedeutung besitzt „Nachhaltigkeit" bei der Auswahl von Produkten? Welche Informationskanäle nutzen sie und welche Einstellung haben sie gegenüber der Werbung? Außerdem widmet sich die Untersuchung der Analyse von konsumspezifischen Unterschieden im Konsumverhalten der Generation 60plus in den neuen und alten Bundesländern. Gibt es überhaupt einen einheitlichen „Seniorenmarkt"? Oder lassen sich signifikante Unterschiede zwischen dem Osten und Westen Deutschlands ausmachen, die eine Untersegmentierung erforderlich machen? Welchen Einfluss haben andere demographische Einflussfaktoren, wie etwa Geschlecht, Einkommen, Bildung oder die Sozialisation der Probanden?

Diese Fragen werden empirisch untersucht. Die Ergebnisse ermöglichen eine differenziertere und zielgruppenspezifischere Ausrichtung der Marketingaktivitäten. Und sie belegen, dass 17 Jahre nach der Wiedervereinigung noch immer deutliche Unterschiede im Konsumverhalten älterer Konsumenten in Ost und West bestehen.

Timo Mayer

Online-Kommunikation mit Best Agern im Rahmen des Seniorenmarketings

Anforderungen und strategische Ausrichtung

Diplomica 2008 / 124 Seiten / 39,50 Euro

ISBN 978-3-8366-5994-9

EAN 9783836659949

Die Auswirkungen und Folgen der demographischen Entwicklung sind bereits länger Thema in unserer Gesellschaft. Das Verhältnis der Altersgruppen wird sich zukünftig weiter zu Gunsten der älteren Bevölkerung verschieben. Findige Marketingexperten beschwören eine neue, potentielle Zielgruppe herauf, die so genannte 50plus Generation. Aus Unternehmenssicht bietet sich das Internet als zusätzlicher und kostengünstiger Kommunikationskanal an. Ferner um Kontakte zu knüpfen, dauerhaft zu kommunizieren und langfristig solide Geschäftsbeziehungen aufzubauen.

Der raschen Verbreitung des Internets in unserem Alltagsleben können sich auch die über 50-Jährigen nicht verschließen, die häufig erstmals in der späten Lebensphase mit dieser technologischen Entwicklung zu tun haben. Vorurteile, fehlende Erfahrung und die mangelnde Fähigkeit mit dem Internet richtig umzugehen erschweren die Nutzung. Folglich ist es im Rahmen einer erfolgsorientierten Ansprache aus Unternehmenssicht unerlässlich, sich ausgiebig mit der Zielgruppe der 50plus auseinander zu setzen um ihnen die Handhabung zu erleichtern oder besser, den persönlichen Nutzen aufzuzeigen.

Diese Studie setzt sich das Ziel allgemeine, zielgerichtete Ansätze und Handlungsempfehlungen im Rahmen der Online-Kommunikation im Umgang mit der Zielgruppe zu entwickeln. Analysiert und von elementarer Grundlage sind u.a. die altersbedingten Veränderungen und Charakteristiken der Zielgruppe, das Informationsbeschaffungs- und Internetnutzungsverhalten sowie Hemmnisse und Schwierigkeiten die sich beim Umgang mit dem Internet ergeben können.

Tobias Giereth

Age Power 2010 –

Erfolgreiches Best Ager-Marketing

Strategische und psychologische Ausrichtung zur Kommunikation in gesättigten Märkten

Diplomica 2006 / 186 Seiten / 39,50 Euro

ISBN 978-3-8324-9346-2

EAN 9783832493462

Im ersten Teil des Buches wird auf die betriebswirtschaftliche Bedeutung des Best Age-Marktes und die strategische Unternehmensausrichtung eingegangen, wobei der Best Age-Markt durchaus kritisch hinterleuchtet und ein vorausschauendes Profil des Best Agers erstellt wird, um erkennbaren Entwicklungen der nächsten Jahre mit einer neuen Strategieempfehlung zu begegnen und der Frage nach der Segmentierung des Marktes mit einem neuen Segmentierungsansatz zu begegnen.

Im zweiten Teil der Arbeit soll eine psychologische Hinführung an den Konsumenten erfolgen, wobei unbewusste Prozesse, die Macht von Emotionen und neuere psychologische Phänomene den Schwerpunkt bilden und der Beweis erbracht werden soll, welche unumgängliche Bedeutung Emotionen für die Werbung besitzen, und dass mit dem psychologischen Selbstkonzept ein, aufgrund seiner umfassenden Bedeutung, elementares Handlungsmodell unbedingt Einzug in die werbliche Betrachtung des Best Agers halten muss.

Im dritten und letzten Teil wird eine Umsetzung in der TV-Werbung angestrebt, die im Wesentlichen auf dem werbehabitualisierten Konsumenten basiert, dabei werden Mittel und Wege aufgezeigt, wie es gelingen kann über Stereotype auch den Best Ager anzusprechen und über dies hinaus dem Leser einige entscheidende Umsetzungsregeln und Muster an die Hand gelegt, mit denen er zukunftgerichtete, zielgruppenadäquate, kreative und effiziente Best Ager-Werbung im TV kommunizieren kann.